60分で知ったかぶり!

「ファイナンス」がスラスラわかる本

安部徹也

同文舘出版

はじめに

「日経平均株価が世界同時株安で大暴落！」
「日銀の金利引上げ決定により住宅ローン金利が上昇！」
「個人の年金に対する負担が増大！」
「敵対的M&Aに対して防衛策を発動！」

このようなニュースを新聞などでご覧になった方も多いのではないでしょうか。これらのニュースを読み解くのにあるビジネス理論が必須となります。

それが、ファイナンス。

と言っても、ファイナンスという言葉だけは何となく知っているけれど、内容はほとんど知らないという方も多いのではないでしょうか？　それほどファイナンスは身近で遠い理論と言えるでしょう。

ファイナンスとは簡単に説明するとお金の流れに関する理論です。たとえば企業においてはファイナンス理論を利用してプロジェクトの可否を判断したり、資金調達の決定を下したり、経営戦略上非常に重要な判断を下す基礎となります。

また、このファイナンス理論を駆使すれば小資本から巨額の資金を生み出したり、将来の資金的リスクを回避したりすることも可能になってきます。特に最近のベンチャー企業は、短期間で驚異的な成長を達成し、数年で上場することも珍しいことではなくなりました。またその上場で得た資金を効率的に運用し、時価総額を急激に引き上げていく手法はファイナンス理論なしでは成立しえません。

特に競争が激化し、企業経営のスピードが求められる現代では、M&A（企業の買収や合併）によって時間を買うという手法が多用されています。上場企業であれば市場の株価で企業価値は決定されますが、未上場企業ではファイナンス理論を駆使して正確に企業価値を計算しなければいけません。実際の企業価値以上の買収は投資の失敗につながり、本業に多大な影響を及ぼす場合も考えられます。

ファイナンス理論は今や一般の企業だけでなく、農業など第一次産業に携わる人々にも恩恵を与えています。農業は天候など自然環境に依存することも多く、毎年安定した生産を確保することは難しい状況にあります。このようなリスクに対して天候デリバティブなど、ある一定の気候条件が満たされなければ保険金が下り、売上の補完をするような仕組みもファイナンス理論を元に開発されています。

また、ファイナンス理論は個人にとっても身近で重要な概念です。現在は株価が堅調に推移し、多くの個人投資家が株の売買を行っていますが、株価の算定もファイナンス理論がベースになっています。配当や将来の成長性などその企業にまつわるお金の流れを予測し、自分なりに適正な株価を予測することで売買益のチャンスや損失の防止を行うことが可能になるのです。他にも住宅ローンなどで将来の金利上昇リスクを軽減させたり、将来受け取る年金の総額を最大化させたりする際に、ファイナンス理論を身につけていれば最も賢い方法を選択することが可能になります。

このようにファイナンスは、今や極端な言い方をすれば誰にでも必要な理論ですが、高度な計算を要求されることも多く、なかなかとっつきにくい理論ということも真実です。ただ、基本的な概念はこれまで説明してきたように非常に重要なものであり、すべての人が認識しておかなければいけないものです。ファイナンスの基本的な概念を理解することによりお金を賢く増やしていくチャンスを的確に捉え、お金を失うリスクを極力排除することが可能になります。

本書ではファイナンスを初めて学ばれる方を対象に、極力難しい計算式は避け、基本的なファイナンスの概念を楽しみながら身につけることができるよう、財務部に所属する先輩とファイナンスに興味を抱く後輩のQ&A形式でお話を進めていきます。まずは本書をステップとしてファイナンスに興味を持っていただき、次に専門的な参考書でさらにファイナンス理論を深めていってください。

これまでお伝えしたように、今やファイナンスは企業の財務部に所属するものだけが知っていればいいというものではなく、誰にとっても身近で必須の理論となりつつあります。初めて学ばれる方にとっては、本書がファイナンスに興味を持つ入り口として役に立つことでしょう。

それではさっそく、ファイナンス通への第一歩を踏み出していきましょう!

写真提供：西口エンタテインメント㈱、㈱扶桑社、㈱共同通信社
装丁：海老原拓夫
レイアウト：イーサムデザイン株式会社
カバーイラスト、四コママンガ：米満和彦（ザッツ！）

「ファイナンス」がスラスラわかる本◎目次

はじめに

第5章 企業の資金調達

第6章 企業の資本政策

第7章 企業価値の算定

第8章 M&A

第1章 ファイナンスの基礎知識

企業でお金の流れを管理する部署には経理と財務があります。経理は過去の資金の流れを記録し報告する機能を果たすのに対して、財務はどのような対象に投資していくか、またどのように資金を調達するかなど将来の資金の流れを決定していく機能を果たします。この将来の資金の流れを予測する財務に欠かせないのがファイナンス理論です。ファイナンス理論は大きく、投資に関する理論と企業金融に関する理論の二つに分類され、投資理論では投資に対するリスクとリターンの関係、投資対象資産の価値の算出などが主なテーマになっています。

投資家が株などの資産に投資する際に当然リターンを期待していますが、リターンの背景には必ずリスクがつきまといます。リスクを全くとることなしに高いリターンが実現できるほどこの世は甘くないということです。投資理論の分野ではどのくらいのリスクをとれば、どのくらいのリターンが期待できるかという計測の手法を学んでいます。また、株や不動産など投資対象から将来得られるキャッシュフローを予測して対象資産の価値を算出し、実際の価格と比較することにより、事前に資産価値下落リスクを避ける方法についても学んでいきましょう。

ファイナンスのもう一つの分野である企業金融では資金調達により企業価値を最大化させる理論をお伝えしていきます。資金調達には二つの方法、負債と株式による調達がありますが、負債で調達する場合にはどのくらいのコストがかかるか、また株式で調達する場合はどのくらいのコストがかかるかを明らかにして、最低のコストで資金を調達することにより企業の価値を高めていくことが可能になります。

これらの投資理論と企業金融理論は互いに密接に関係しあっているので、ファイナンス理論をマスターするには二つの分野を理解していく必要があります。

ファイナンスについて全く素人の後輩。最近の華々しいベンチャー企業の躍進に影響され、ファイナンスのプロを目指そうと財務部の先輩にファイナンス理論を学び始めるが……。

後輩　先輩、最近企業買収などの〝**M&M**〟が新聞を賑わしているじゃないですか。やっぱり男たるもの100億、1000億単位の大きい仕事がしたいもんですよね。その〝M&M〟っていうのは先輩の所属する財務部も大きく関わっているんでしょう？　僕もお客に頭を下げて商品を販売する〝どぶ板営業〟を離れて華麗な財務部に転進しようと思っているんですけど……。できれば、あのUSENの**宇野康秀社長**のようなイケメンビジネスパーソンになれればなぁって。

先輩　あのねぇ、お前のその太った外見を見ればどう見てもイケメンじゃなくて〝ツケ麺大王〟ってところだろう。それにまず企業買収を〝M&M〟と言っている時点でお前は財務に来る資格はないよ。企業買収は〝M&A〟と言って、Mergers & Acquisitionsの略なんだよ。〝M&M〟ってチョコレートだろう。食いしん坊の

お前らしいよ。全くその天然ボケを治さなきゃ、お前を引き取ってくれる部長なんて、1年に1回忘年会で張り切る宴会部長くらいなもんだぞ。

後輩　えへへ、そうです、M&Aってやつでしたね。僕もどうしてもそのM&Aに関わりたくて、秘密の勉強を行っているんですよ。

先輩　なんだその秘密の勉強って？

後輩　先輩だから白状しますけど、絶対に他の奴らに口外しないでくださいよ。ライバルが増えちゃ困りますから。

先輩　勿体つけずにさっさとしゃべりやがれ！どうせ大したことじゃないんだろう？

後輩　いえいえ、それが資格なんですよ。人に聴かれないように小さい声で話しますけど、実は今、**簿記**3級を取得するために猛勉強中なんです……。

先輩　簿記3級!?　お前は高校生か？　大体簿記は経理部のための資格だろう。確かに財務諸表の読み方など簿記の知識は必要だけど、財務をやりたけりゃファイナン

M&M
1941年、アメリカで生まれ今や世界中で親しまれているカラフルなマーブルチョコレート。生産を始めた二人のアメリカ人、マースとムリー（Mars & Murrie）にちなんでM&Mと名づけられる。1981年には初のスペースシャトルの打ち上げの際に宇宙食の一つに選ばれ、ワシントンD.C.の宇宙博物館に展示されている。

宇野康秀
株式会社USENを率いる、現代を代表する若手企業家の一人。リクルートコスモスを退社後、人材派遣業インテリジェンスを設立し、代表に就任。1998年にはUSEN創業者の父親の跡を継ぎインテリジェンスの社長を辞任し、USENの代表取締役となる。

M&A
Mergers and Acquisitionsの略称。一般的には、広く会社の合併、会社分割、営業譲渡、株式取得などの企業再編の手法として使われる。2006年にはソフトバンクがボーダフォンを1兆7500億円で買収するなど国内最大級のM&Aが話題を呼んだ。

スを勉強しろよ。いいか、お前の天然ボケの脳味噌によく響くように大きな声でもう一度言うけど、財務がやりたきゃファイナンスを勉強しろ！　全くお前はトンチンカンだな。

後輩　へっ!?　財務部っていうのは簿記の知識をベースにしてお金の流れを管理する部署じゃないんですか？

先輩　確かに財務はお金の流れを管理する部署だけど、経理と財務じゃ根本的な違いがあるんだよ。お前のような素人が外から見ただけじゃわからないだろうが、中身は全く違うおすぎとピーコのようなもんだ。

後輩　その中身の全く違う経理と財務って一体どんなものですか？　今度居酒屋でチューハイ一杯おごりますから勿体つけずに教えてくださいよ。

先輩　お前は企業買収は全く素人だけど、そういう買収はお手の物だな。

後輩　そうでしょう。そういった理由もあって僕が財務部に配属されれば、花形になるんじゃないかと思っているんですよ。

先輩　お前が財務で花形になれるかどうかは別にして、おいしいチューハイ、いや、かわいい後輩のためだ。わかりやすく説明してやろう。たとえば、うちの会社では商品を販売して、お客様から売上代金をいただいたり、お前のようなできない奴にでも給料を払ったり、日常の業務の中でお金の出し入れが発生するだろう。

後輩　そうですね。僕は売上金を回収してますし、それが原資になって少ないながらも毎月お給料はいただいてますけど……。

先輩　経理部っていうのはそのような日々のお金

の流れを記録して経営者や株主に報告するのが主な役割なんだ。

後輩　ふーん。そのようなお金の流れの記録に簿記が利用されるということですね。

先輩　そうだ。それに対して財務部では企業活動に必要なこれらの資金をどのように調達するかを検討したり、事業活動を行って余った資金を、どのように運用したら最も高い運用益が得られるかを検討したりするのが主な役割なんだよ。

後輩　そうか。たとえば、うちの母ちゃんが今月は赤字だ、赤字だとぶつぶつ言いながら家計簿をつけている作業が経理部の仕事で、今度古い家を改修する資金をどこから工面しようとか、今あるなけなしの貯金をどこに預ければ一番増やせるかって考える作業が財務部の仕事なんですね。

先輩　おっ、天然ボケのお前でもたまにはいい例えをするじゃないか。それじゃあ、俺がもっとビジネス的な言葉でまとめると、経理っていうのは過去の資金の流れを管理する部署で、財務っていうのは将来の資金の流

簿記
商品の仕入れや販売、給料の支払いなど企業で行われている様々な経済活動を記録・計算・整理して、財産の状況を把握し、利益の計算を行う記帳方法。資産状況を明らかにするための貸借対照表や、経営状況を明らかにするための損益計算書の作成が主な目的。

おすぎとピーコ
1975年、芸能界にデビュー。おすぎはタレント活動の他にも本名の杉浦孝昭の名前で映画評論家として活動。またピーコはタレント・ファッション評論家として、ワイドショーなどでファッションチェックを行っている。

れを予測する部署と位置づけることができるよな。

後輩　さすが、ビジネス経験豊富な先輩ですね。一言で経理と財務の違いがわかっちゃいましたよ。

先輩　**そんなにおだててもチューハイはおごってもらうからな。俺の好きな『いいちこ』を使ったチューハイなんて最高だよな。**

後輩　えっ、やっぱりまだ覚えてました?

先輩　**当たり前だ。ただ、チューハイをおごってもらう手前、もう少し役に立つ知識を教えなきゃいけないかな。それじゃあ、簡単な質問なんだが、企業活動を行う上で最初に必要になるものは何だと思う?**

後輩　うーん、それはやっぱりお金じゃないでしょうか?　うちの母ちゃん曰く「お金の切れ目が縁の切れ目、後にも先にもお金が大事」って言ってますから。ほら、テレビで**矢田亜希子**ちゃんも歌ってたでしょう。「よーく、考えよう♪お金は大事だよー♪」って。

先輩　**しかし、お前の母ちゃんは金の亡者だな。今、お前の父ちゃんの扱いが目に浮かんで悲しくなってきたよ。そういう女性が多くなったから、定年後に熟年離婚する夫婦が増えてきたんだよな。でも確かに企業活動を行う上で資金が一番最初に必要になるのは事実なんだ。その資金で企業は人を雇い、原材料を仕入れてビジネスを行うことができるようになるからな。でも、通常このような資金は売上の範囲で賄うのが普通なんだぜ。財務の役割はこのような短期の資金繰りじゃなく、もっと長期的な展望に立って、企業が成長し続けるための長期的**

な資金運用を計画することなんだよ。その際に重要になってくるのが、どのような資産を保有して、どのような投資を行うかっていうわけだ。

後輩　具体的には資産として工場を建設したり、現状使わない余剰資金を株式投資に振り向けたりするってことですか？

先輩　そうだな。それに加えてそのような工場の建設資金や投資の運用に関わる資金をどこから、どのように調達するかを決定したり、プロジェクトがどれくらいの収益を生むかとか、何年で投資資金を回収できるかなどを予測したりすることが財務の主な役割と言うことができるな。

後輩　そうか。そうすると、資金の調達にもいろいろな方法があるんですね？

先輩　あぁ。お前もよく知っていると思うけど、簡単な方法としては銀行からの借入れがあるよな。このような調達の方法は預金者のお金が銀行を経由して企業に流れていくから間接金融と呼ばれているんだ。

後輩　銀行から借入れするお金は銀行の資金じ

いいちこ
大分県の三和酒類が販売する焼酎のブランド。『下町のナポレオン』としても知られる。『いいちこ』とは大分地方の方言であり、『いいもの』を表している。

矢田亜希子
1995年、『愛していると言ってくれ』で、主人公の画家榊晃次の妹役でデビュー。その後も『白い巨塔』など数々のドラマや映画で正統派女優として活躍。また、アメリカンファミリー生命保険のCMを始め、多くの企業CMに出演。

熟年離婚
子育てを終えた夫婦や、夫が定年退職を迎えた中高年の夫婦が離婚すること。同居期間25年以上の熟年夫婦の離婚は、ここ10年で2倍以上に増加。同居期間30年以上に限ってみると3倍近くになり、離婚全体の増加率の2倍に達する。妻からの申し立てによる離婚が熟年離婚の特徴。

ゃなく、預金者のものだから間接金融なんですね。

先輩　**そう。それから他にも投資家に株式を発行して資金を調達する直接金融という方法もある。**

後輩　株式発行によって直接投資家から資金を調達するから直接金融か。そうだ！　先輩、ここでちょっと僕の博識を披露してもいいですか？　それ以外の調達方法として**サラ金**なんかも利用できるんじゃないでしょうか？

先輩　**あのねぇ、サラ金はお前のような個人が利用する金融手段。ピンボケなことを言うんじゃないよ。通常の企業であれば、そんなところからは調達しないんだよ。通常の企業の財務部では、この間接金融と直接金融など資金調達の方法の違いによるメリット・デメリットを分析して、企業にとって最良の選択を行っていくことが重要な仕事になるんだ。**

後輩　その選択によって損得が如実に表れるなんて本当にたいへんな仕事なんですね。

先輩　**そうだよ。だからお前のような天然ボケは財務の仕事は務まらないと思うぜ。**

後輩　先輩、そんなこと言わずに僕にもわかるようにもっと教えてくださいよ。

先輩　**そうか。まあ、チューハイの件もあるし、もう少しわかりやすく資金の流れを説明しようか。企業はまず始めに、今言ったように銀行などの金融機関から借入れを行ったり、株式を投資家向けに発行したりして資金を調達するだろう。**

後輩　そうですね。それが間接金融、直接金融ということでしたね。

先輩　**次に、この資金を利用して工場を建設したり、社員を雇ったりして、事業活動を行い、その事業活動が成功すれば投資した以上の収益を生み出すことになる。そして、このような収益は企業内で事業活動資金として再び使われるか、資金を提供してくれた銀行や投資家に利息をつけて返還するという流れになるんだよ。**

後輩　企業財務は金融市場から資金を調達したり、資金提供者に利息を払ったりする役目を担うわけですね。

先輩　**そう。その資金の流れの中で企業に残る資金を最大化させなければいけないという観点から、財務の役割は経営戦略に勝るとも劣らないって言うことができるよな。**

後輩　先輩、財務が経営戦略に劣らないって聞くとますます財務の世界で活躍したくなってきましたよ。そこでその財務の役割を十分に果たすためにファイナンス理論が必要になってくるんですね。

先輩　**そういうこと。特に上場企業では、資金調達と投資の関係によって株価に多大な影響**

間接金融
融資を実行する側と受ける側の間に間接的に、資金を仲介する機関が存在する仕組み。銀行融資では、銀行が預金者から貸出の原資となる資金を集めて債務者に貸出を行う。この過程で、資金の提供者である預金者と資金の借入先である債務者には直接の関係が生じないために間接金融と呼ばれる。

直接金融
融資を実行する側が受ける側へ直接的に資金を提供する仕組み。株式や債券の取引が直接金融に当たる。企業は株式や債券を発行することにより直接投資家から資金を調達することが可能になる。株式や債券の発行過程で証券会社などの仲介機関が関与するが、仲介機関は取引の手続きを代行し、手数料を徴収するだけで、資金の流れには影響を及ぼさない。

サラ金
消費者金融の通称。消費者金融ではサラリーマンを始めとして一般の個人を対象に融資を行っている。無担保無保証で、50万円程度までの小口融資が主流であるが、金利が高めなのが特徴。

を与えるから注意が必要なんだぜ。

後輩　そういえば、**楽天がＴＢＳ株の買収**を多額の借入れで賄った時に、株価が急落しましたよね。これは楽天の借入れの比率が極端に増して、財務状況が悪化したのが原因だと思うんですけど、負債と自己資金の関係を無視した資金の調達方法だったってことですね？

先輩　**そうだなぁ。たとえば楽天の借り入れた資金で今以上の利益率を稼げる投資だったら株価が下がることはなかったんだけど、ＴＢＳとの提携もうまくいかず利益を生み出すことができなかったし、ＴＢＳ株を市場で手放すと株価が暴落して楽天に多大な損害が発生すると予測されたからなぁ。**

後輩　ハーバード大学でＭＢＡを取得した、さすがの**三木谷（浩史）**社長も戦略に若干の狂いが生じたってことですね。

先輩　**企業価値を上げるには、いかに多くのお金の流れを呼び込むかが重要になってくるんだけど、楽天は当初このお金の流れを呼び込むことに失敗したんだよな。ただ、ファイナンス理論は、このお金の流れがどのように企業価値に反映されるかということを知る上で重要な理論だから、本当は財務担当者だけでなく、現場の従業員もこのようなファイナンス理論の基本は理解しておかなきゃいけないんだぜ。**

後輩　わかりました。ファイナンスって本当に企業にとっては重要なんですね。今日から僕もファイナンス理論を学んで、どんどん会社にお金の流れを引き寄せますよ！

楽天のTBS株買収

2005年10月、楽天が「インターネットと放送」の融合を掲げ、TBSに事前の告知をしないまま大量の株式を購入。楽天の三木谷浩史社長はTBSとの経営統合を求めたが、TBS側は、あくまでも楽天は提携可能なIT企業のうちの一社として経営統合を拒否。以降、楽天とTBSとの提携交渉は続いている。

三木谷浩史

日本興業銀行（現みずほ銀行）入行後、社費にてハーバード大学MBAコースに留学。その後オンラインショッピングモールの楽天市場を立ち上げ、成功を収める。2003年にはサッカーJリーグ、2004年にはプロ野球に参入するなど、スポーツにも関心を寄せる。

2 ファイナンス理論の種類とは？——投資と金融

ファイナンス理論をマスターしようと燃える後輩であったが、その意気込みは空回り。挙句の果てには株式投資で含み損を抱えていることまで発覚する。

後輩　先輩、ファイナンス理論を意気込んで学ぶと宣言したまではいいんですが、どこから手をつけていいか、さっぱり見当がつかないんですけど……。

先輩　そりゃそうだろうな。素人のお前に簡単に理解できるほどファイナンスは甘くないからな。大体一口にファイナンスと言っても大きく分けて二つの理論から成り立っているんだ。

後輩　ええー、ファイナンスには二通りの理論があるんですか？

先輩　そんなに大げさに驚くなって言うの！　たった2種類の理論をマスターすればファイナンスのスペシャリストになれるんだから。

後輩　確かにそうですね。ところでその2種類というのは、どういったものなんでしょうか？

先輩　一つは投資に関する理論で、もう一つは企業金融に関する理論だ。

後輩　投資と企業金融か。もう少し詳しく説明していただけますか？

先輩　ああ。まず投資に関する理論では、投資に関するリスクや利回りの関係、投資の対象となる資産の価値評価を主に学ぶんだ。たとえば損失を被る可能性も高いけど、うまくいけば高い収益を手に入れられる場合に「ハイリスク・ハイリターン」って言うだろう。ファイナンスではその裏付けを理論で行っていくのさ。

後輩　えぇー、そうなんですか!?　実は今僕**ミニ株**をやっているんですけど、悲しいかな含み損を抱えちゃっているんですよ。先輩からファイナンス理論を教えてもらっていたら、**含み損**を抱えることもなかったかもしれないのに……残念！

先輩　へぇー、お前がミニ株をやっているって初耳だな。ところでどのくらいの含み損を抱えているんだ？　100万円？　それとも200万円くらいかな？

後輩　実は……1000円なんです。

先輩　1000円！　お前1000円なんてのは

ミニ株
正式名称は『株式ミニ投資』。通常、株式投資においては取引最小限の株数である単位株での売買が必要であるが、ミニ株においてはその10分の1から取引が可能。たとえば、1株1万円の株式でも最低取引株数が100株であれば100万円必要であるが、ミニ株ではその10分の1の10万円から取引できる。ただし、最低売買単位が1株の株式など、ミニ株として取り扱うことのできない銘柄もあるので注意が必要。

含み損
保有資産の時価が購入時の価格を下回ること。たとえば、1万円で購入した株式が5000円まで値を下げた時に「5000円の含み損」が発生することになる。含み損は潜在的な損失であり、実際に保有資産を売却するまでは損失は確定しない。

含み損って言って落ち込むような額じゃないだろう。

後輩　でも1000円と言えば、マクドナルドで**100円マック**が10回も食べられるんですよ。これってとっても大きいことだと思いませんか？

先輩　まあ、食いしん坊のお前にとっては100円マック10回分は大きいかもな。含み損を食べ物に例えるのは全くお前らしいよ。どうせファイナンス知識のないお前のことだから一つの銘柄に投資しているんだろう。

後輩　えっ、一つの銘柄に投資しちゃいけないんですか？

先輩　やっぱりそうか。あのな、昔から投資の世界では「卵を一つのかごに盛るな」という格言があるんだ。卵を一つのかごに盛って、そのかごを落とせば全部の卵が割れてしまうだろう。だから株式も一つの銘柄に集中することなく、分散して投資するのが基本になるんだよ。このような分散投資に関する理論も、ファイナンスの投資理論で学ぶんだけどな。

後輩　投資のリスクは分散させなきゃいけないんですね。それをもっと早く知っていたら100円マック10個分の含み損を抱えなくてよかったかもしれないのに……。

先輩　それはそうと、株式投資をする前に当然、株式の正当な価値は計算したんだろうな？

後輩　正当な価値？　いいえ。ただ有名な企業だったら潰れないかなぁーと思いまして、なんとなく銘柄を選んでしまいました。それじゃあ、いけないんでしょうか？

先輩　バブル景気の頃ならともかく、株価が一進一退する今の時代に、なんとなく銘柄を選

んでそう簡単に儲けられるわけはないよ。全くお前はバブル絶頂期のジュリアナ東京でよく見たお立ち台ギャルのようにめでたい奴だな。100円マック10個分の含み損で済んでいるのはまさに奇跡だよ。投資に関する理論ではこのような株式の正当な価値の評価方法も学んでいくから、割高な株式を購入するリスクも減らすことができるはずだ。

後輩　そうか。ホリエモンが逮捕された**ライブドアショック**で新興IT企業の株価は実態以上に高値がついていたって、マスコミが報道していたのを思い出しましたよ。つまり株価っていうのは常に正当な価格がついているわけではなく、市場の期待で正当な価値以上の価格がついている場合があるんですね。

先輩　そういうこと。投資に関する理論は、今言ったような『リスクと利回り』、『分散投資』、『資産の正当な評価』が主なテーマになるんだ。

後輩　このような投資理論を学べば、株でガン

100円マック
ハンバーガーチェーンのマクドナルドで100円で購入できるメニュー。2007年1月現在、チーズバーガー、マックチキン、ドリンク（S）、ホットアップルパイ、マックシェイク（S）、ソフトクリームなどがある。

バブル景気
日本で1980年代後半から90年代初めにかけて見られた好景気。投機熱が過熱し、株価や地価が異常な高騰を見せた。1989年12月29日は日経平均株価が史上最高値である3万9396円87銭を記録。

ジュリアナ東京
1991年、総合商社である日商岩井（現、双日）とイギリスのウェンブリーグループが共同で東京の芝浦にオープンしたディスコ。近隣には「芝浦ゴールド」など90年代を代表するディスコが軒を連ね、芝浦のウォーターフロント地域が90年代のディスコ・ムーブメントの発信地として注目を浴びた。マスコミによるブームの加熱は常連客の足を遠のけ、リピートしない初心者が増える結果となり、業績不振により94年、その幕を閉じた。

ガン儲けられるようになるんですね。うわー、株でガンガン儲けたらどこのレストランに行こうかなぁー。なんだかもうワクワクしてきましたよ、先輩！

先輩　**あのねぇ、投資理論を身につけたからって簡単に儲けられるわけないだろう。そんなに簡単だったら今頃、俺はこんなところであくせく働いていないっていうの。全くお前は、すぐにオレオレ詐欺に遭っちゃうタイプの典型だな。いいか、投資理論はあくまでも投資を正当に評価し、リスクを軽減するということであって、必ず儲けられるなんてことはないんだ。**

後輩　なんだ。僕の頭の中では既に母ちゃんに住宅ローンを立て替えてあげる妄想まで抱いてましたよ。以前テレビのニュースで見たんですけど、株式の誤発注に絡んで**デイトレーダー**が数時間で何百万だの、何千万だの、何億だの稼いだって言うじゃないですか。投資理論を学べば、てっきり僕も彼らの仲間入りを果たすんじゃないかと期待しちゃいましたよ。

先輩　**相変わらず世の中を甘く考えてるな。まあ、精々痛い目にあわないように気をつけた方がいいぞ。そうした投資理論をマスターしたら、次はコーポレートファイナンス、つまり企業金融に関する理論だ。企業金融では企業が資金調達を行う際に、企業価値を最大化させる方法を検討することが最大のテーマになるんだ。前にも言ったように、企業が資金調達を行う際には社債や銀行借入れなどの負債と、株式を発行するなど株主資本による調達の2種類が考えられるだろう。**

後輩　ええ、そうですね。直接金融と間接金融ってことでしたね。

先輩　これらの調達方法ではそれぞれの手段でメリット・デメリットがあって、企業が負担しなければいけないコストも変わってくるんだ。そのような各調達手段のコストを把握する方法を、この企業金融理論では一つのメインテーマに据えているんだよ。

後輩　企業にとって調達っていうことは、投資家にとっての投資の裏返しだから、ここでも投資理論が活きてくるってことになりますね。

先輩　おっ、たまにはいいことを言うねぇ。まさにその通りだよ。企業にとって調達コストを求めるということは、投資家の期待利回りを算出することに他ならないから、投資理論は当然マスターしていなくちゃいけないよな。それから、そのような調達手段のコストの把握と並んで非常に重要な企業金融のテーマが最適資本構成や配当政策になるんだ。

後輩　ちょっとここで簿記でマスターした知識

お立ち台ギャル
ジュリアナ東京のダンスホールの両脇に設置された台で踊る女性の通称。ボディコン、ミニスカ、ハイヒールといういでたちで、ジュリセンと呼ばれる羽扇子を振りかざして踊る。1990年代初頭、お立ち台の女王として荒木師匠がジュリアナ女性のカリスマ的存在となり、社会的にも注目された。

ライブドアショック
2006年1月16日、証券取引法違反容疑でライブドア本社に強制捜査が入った影響で、翌日から新興市場に上場しているIT企業を中心にした株価が大暴落したこと。ライブドア事件では当時の社長を始め、取締役までが逮捕された。

デイトレーダー
オンライン証券取引を通じて、1日の間に利ザヤ稼ぎの株式取引を専門に行う個人投資家のこと。2005年12月8日に新規上場したジェイコム株の誤発注により、1日で20億円もの利益を上げたことが話題となった。

を披露させてください。企業の資本構成は他人から調達する負債と、株式などによって自己調達する資本がありますよね。ですから、資本構成っていうことはその負債と資本の構成割合を調整するってことですか？　そんな構成割合に最適な水準なんてあるんですか？　負債なんてない方が企業にとってはいいと思ってましたけどね。うちの実家なんて自転車屋ですけど負債が多すぎて首が回らず、まさに**自転車操業**っていう洒落にもならない状況ですからね。父ちゃんがいつも愚痴ってますよ。「借金だけはするもんじゃない」って。

先輩　**まあ、お前んちの自転車屋はともかく、通常負債と株式資本では負債の方がコストが安くなるんだ。ところが、ある一定の負債割合を超えたところで倒産のリスクが高まってくるから、今度は負債の方のコストが上昇してくる。だから、企業金融の理論を用いてコストが最小になるポイントを把握する必要があるんだ。**

後輩　うちの親父の場合は最適資本構成を無視してお金を借りまくっていますけど、うまく負債と資本を最適水準に保てば、企業価値を最大化できるっていうことなんですね。

先輩　**そう。企業で財務に属している者の役割としては、このような最適な資本構成や配当政策を実現し、経営者に戦略的な舵取りを行ってもらうことと言えるんだ。決して自転車操業の道へと進んじゃいけないな。**

最適資本構成
企業の資金調達は負債と株式によって賄われるが、これらの資金調達コストを最小にする割合を実現し、企業価値の最大化を図ること。

配当政策
配当とは、株式会社が利益の一部を株主に分配することであり、企業は税引き後の利益から役員賞与と内部留保を除いた残りを株主の出資に対する貢献報酬として、配当という形で成果分配している。配当の決定は企業の業績など様々な条件によって変動するが、業績以外にも同業他社とのバランスや過去の配当状況等により決定される他、記念行事の一環として特別に配当が行われることもある。

自転車操業
借入れ過多の企業や個人が、借入れ返済のための原資を他の借入れで賄う行為。借入れ返済のための借入れをやめてしまうと企業であれば倒産してしまうことから、自転車をこぐことをやめれば倒れてしまうという例えにより名づけられる。

第2章 金銭の時間的価値

ファイナンス理論の下では「今日手にする100万円は明日手にする100万円よりも価値がある」とされています。その理由としては、今日手にした100万円を銀行に預ければ明日には1日分の利子を得ることができるというものと、今日100万円を手にしなければ明日100万円を手にする保証はないという二つの理由が挙げられます。たとえば取引先と明日100万円を受け取る約束をしたとしても、取引先が倒産してしまえば約束した100万円が受け取れないという不確実性が存在するということです。ファイナンスでは、このように現在受け取るお金と将来受け取るお金では、実際の金額自体は100万円とたとえ同じであってもその価値は違うという概念から、将来受け取るお金を今時点の価値に引き直すことは『将来のお金の現在価値を求める』と呼ばれています。

この現在価値という概念をベースにすれば、不動産など一生涯にわたり一定のキャッシュフローを生み出す資産の、現時点におけるファイナンス的な価値を簡単に算出することも可能になるのです。このような手法はDCF法（割引キャッシュフロー法）と呼ばれ、不動産などの資産評価に加え、M&Aの際の企業評価にも採用されています。

本章の後半部分ではファイナンス資産の現在価値を算出するだけでなく、NPV法（正味現在価値法）やIRR法（内部収益率法）、ペイバック法（回収期間法）など様々な投資評価方法についても学んでいきましょう。

1 現在価値を算出するには？

一年後の一万円よりも今日の一万円のほうが価値があるんだよ
ガ〜ン
そ、そうだったのかー!!
10000

交通費を請求し忘れた後輩。ところが先輩からのアドバイスで「今日の100円は明日の100円よりも価値がある」ということに気づかされる。

後輩　あー、交通費を経理に請求するのを忘れてた。面倒くさいから明日でもいいか。

先輩　おいおい。今日もらう交通費と明日もらう交通費には価値の違いがあるのを知らないのか？

後輩　えっ、交通費を今日もらうのと明日もらうのじゃあ、金額が違うってことなんですか？　またまたご冗談を……。

先輩　ファイナンスでは「今日の100円は明日の100円よりも価値がある」とされているんだ。だから同じ金額であれば、より早く手に入れた方が価値は高まるんだぞ。

後輩　でも同じ金額でしょう？　1日の違いでそんなに価値が変わるとは思えないですけど。

先輩　そうかな。たとえばお前が今日交通費を請求して現金を受け取った後、銀行の口座に入れたらどうなるかな？

後輩　そうですね。今は銀行の預金なんて金利は雀の涙ほどですが、それでもいくらかの利息はつきますよね。

先輩 **他にも明日会社が急に不渡り手形を出して交通費の立替え分を踏み倒される可能性だってあるし、お前が食べようと思っていた100円マックが今日突然終了し、明日から値上がりして100円で食べられなくなる可能性だってある。つまり、将来のお金の価値には不確実性が伴うっていうことになるんだ。**

後輩 いやー、そこまで脅されれば、「今日の100円の方が明日の100円より価値がある」っていうのは真実味が出てきますよね。僕なんか、100円マックが値上げされたら楽しみが一つ減って、ストレスから体重も減っちゃいますよ。

先輩 **それは願ったり叶ったりだな。もっと絞らないと彼女も出世も手に入れられないぞ。**

後輩 そうですか。自称、「営業の**琴欧州**」なんですけどね。

先輩 **まあ、自称ということで軽く流しておこう。そこでだ、税金を考慮に入れないとして、市場の金利が5%とすると今日受け取る1**

不渡り手形
資金繰りの都合がつかないなど銀行の当座預金の残高不足のために決済できない手形のこと。6ヶ月間に2回不渡りが発生してしまうと、手形交換所によって「銀行取引停止処分」を課せられ、以降金融機関との当座預金取引が2年間できなくなる。

琴欧州
ブルガリア出身。佐渡ヶ嶽部屋所属の関取。平成14年11月場所での初土俵以降、序の口優勝、幕下優勝、十両優勝を重ね、平成18年1月場所後、大関に昇進。テレビCMなどでも活躍する次代の相撲界ホープ。

貨幣の現在価値
将来受け取るお金を今日の価値に引き直すこと。n年後に受け取る金額は、

$$\text{現在価値}=\frac{\text{将来受け取る金額}}{(1+\text{割引率})^n}$$

で求められる。

万円と1年後に受け取る1万円じゃあ、どのくらい価値の差があると思う。

後輩　そうですね。今日1万円もらって銀行に預けたら5%の利息がついて1万500円になるわけでしょう。ということは、1年後には500円の価値の開きができるということになりますね。

先輩　**お前の計算通り、1年後には500円の価値の違いが生じるな。じゃあ、1年後の1万円を今日の価値に引き直してみよう。このように将来受け取るお金を今日の価値に引き直すことを貨幣の現在価値って言うんだ。**

後輩　現在価値ですか？　市場金利が5%ですから、1年後の1万円の現在価値を求めるには1万円を1・05で割ればいいわけですよね。そうすると9524円になります。

先輩　**そうだな。現在価値を求める際にはこの金利の5%は割引率と呼ばれるんだ。**

後輩　でも先輩、そのような現在価値の算出方法を知って、どんなことに応用できるんですか？

先輩　**ああ、たとえば年金の問題。市場金利が5%の時、政府が1年後に1万円受け取るか、今日9500円受け取るか選択を迫った場合などは、この現在価値で同じ評価軸の上に立って判断する必要があるんだ。**

後輩　そうですね。1年後の1万円と今日の9500円じゃ、時間軸にズレがありますから、そのまま単純に比較することはできませんよね。この場合は割引率が5%ですから、1年後の1万円を現在価値に直すと1万円を1・05で割って952

4円ですね。ということは今日の9500円と比べて、1年後の1万円は今日の価値で24円高いという結果になりますね。だから先輩の例えのような決断を迫られたら、1年後の1万円を選ぶ方が賢明な選択になるってことですね。

先輩　そう。このように受け取る期日の違うお金を比較するときは、現在価値という考え方を用いて基準を合わせて比較することが重要になるんだぞ。「今日の100円は明日の100円よりも価値がある」ということを肝に銘じておけば、100円マックがいつ終了してもお前は後悔することがなくなるかもな。

2 リスクと割引率の関係とは？

後輩は就業時間中にインターネットで好条件の投資案件を発見する。勢い勇んで先輩に相談するも、そこにはやはりファイナンスのからくりが……。

後輩　先輩、先輩！　大ニュースです！

先輩　そんなに息せき切らしてどうした？　ついにお前にもモデルの彼女ができたか？　エビちゃんとか？

後輩　エビちゃんかぁ〜。えびカツバーガーのCMの時はいたるところ、エビちゃんのポスターだらけでしたね。かわいかったなぁ〜、ってそんな冗談を言っている場合じゃないんですよ。さっき、インターネットで社債を購入しようと物色していたら、なんと62円50銭の銘柄を見つけちゃいました。これって買いですよね！

先輩　あのねぇ、お前は仕事もろくにせずにそんなことをやっているのか？　そんなんじゃお前の首が切られたというニュースが社内に飛び交うのも、それほど遠い未来ではないな。

後輩　そんな縁起でもないニュースは置いといて、社債の件はどう思います？　1年後に100円で戻ってくる社債が今買えば

62円50銭なんて絶対買いですよね。何と言っても6万2500円投資したら、1年後には3万7500円の利息がついて10万円として返って来るんですからね。利回りにすると、年率60%という破格の好条件ですよ。

先輩　**ふーん、今時62円50銭の社債というのも珍しいな。日経平均株価が8000円の頃は40円とか50円の社債もあったけどね。社債の1年後の価値が100円、そして現在価値が62円50銭ということは、ディスカウント・ファクターは0・625だろう。**

後輩　先輩、その**マックスファクター**っていうのは何なんですか?

先輩　**あのねぇ。マックスファクターっていうのは化粧品のブランド。俺が言っているのはディスカウント・ファクター。**

後輩　ディスカウント・ファクター?

先輩　**ああ、言ってみれば社債っていうのは、将来の期日にお金を渡しますと企業が資金提供者に約束する証文だろう。社債を発行する企業に信用力があれば、社債をあまり割**

エビちゃん
本名蛯原友里。宮崎県出身のファッションモデル。ファッション誌『CanCam』の専属モデルとして活躍中。双子の妹の蛯原英里も『CanCam』登場経験あり。モデルに留まらず、TVドラマやCMで引っ張りだこになるなど、現在注目を集める女性タレントの一人。

ディスカウント・ファクター
将来のキャッシュフローから金融資産の現在価値を求めるための係数。1+割引率の逆数で求められる。たとえば割引率が60%の場合、ディスカウント・ファクターは1÷(1+0.6)=0.625となる。

マックスファクター
アメリカを本社とする化粧品会社。会社名がそのまま化粧品のブランド名にもなっている。1909年、ロシアのロイヤルバレエ団のビューティーアドバイザーであったマックスファクター1世がハリウッドに、化粧品・演劇用品店を開店したのが始まり。1953年に日本に進出し、1991年にP&Gグループの一員となる。

引しなくても資金提供者が現われるけど、信用力に問題のある企業は、大幅に社債をディスカウントしなきゃ資金提供者が現れないんだ。そこで将来、期日が来た時に受け取る金額に対してディスカウント・ファクターをかけたものが社債の価格になるってことだ。だから、ディスカウント・ファクターが大きければ大きいほど、社債の価格が低くなるってことになる。全くちょっと横文字が入るとお前は食い物や女性関係と結びつける傾向があるな。

後輩　へっへっへ、こりゃまた失礼しました。でも先輩も素人に難しい専門用語は使わないでくださいよ！

先輩　おっ、今度は逆切れか？　全く教わる身分というのをわきまえてないよ。

後輩　先輩。ちっちっち、切れてないすよ。

先輩　似てない長州小力のものまねなんて見たくもないよ。まあいいや、話を元に戻そう。この投資案件の利回りが60%ということだったよな。ということは企業側からすると、自社の信用を60%という割引率で販売するのと同じことだけど、それはどう思う？

後輩　割引率が60%っていうのはものすごい数字ですね。閉店間際のスーパーの惣菜でも50%割引が限界ですから、通常では考えられませんよ。

先輩　一般的に割引率っていうのは将来、投資した資産が戻ってくるかどうかというリスクに応じて決められるんだ。だから、1年後に投資した100円を確実に回収できるとしたら現在価値は100円に近くなるし、投資資産を回収できる見込が低くなればなるほど、現在価値は100円から遠ざかっ

ていくんだ。

後輩　ということは62円50銭という現在価値は、１年後に１００円を受け取れる可能性は限りなく低いということになりますね。

先輩　**割引率60％は異常な数字だから、そう結論づけることができるよな。**

後輩　先輩、貴重なアドバイスありがとうございました。欲に目がくらんで、危うく虎の子の６万２５００円をどぶに捨てるところでした。

先輩　**そうだな。どぶにそんな大金を捨てるようだったら、今度の合コン、お前のおごりで頼んだぞ。**

後輩　まあ、それとこれとは話は別ですけど、こんなリスクの高い社債に手を出す投資家はいるんですかね。

先輩　**おっ、俺の頼みを軽くスルーしたね。**

後輩　ええ、最近の僕の絶妙な話題のスルーパスはコミュニケーション界の**中田（英寿）**ともっぱらの評判なんですよ。

先輩　**中田か。ドイツのワールドカップでは活躍したけど急に引退を発表したよな。あれに**

長州小力
お笑いタレント。お笑いプロレス団体の西口プロレスに所属。プロレスラー長州力の物まねを得意とし、「しゃあ！この野郎！」「キレてないですよ」「俺キレさしたら大したもんですよ」などが持ちネタ。

中田英寿
元プロサッカー選手。韮崎高校卒業後、ベルマーレ平塚（現湘南ベルマーレ）入団。アトランタ五輪では日本代表の中心選手として活躍し、ブラジルを破る、いわゆる「マイアミの奇跡」の立役者となる。その後フランス、日韓、ドイツと3大会連続でワールドカップに出場し、日韓大会では日本をベスト16に押し上げる活躍を見せた。

は俺も驚いたぜ。

後輩　先輩、今は仕事中だし、そんな過去の余韻に浸っている場合じゃないですけど。それよりも、異常な割引率にもかかわらず資金提供を行う投資家がいるかどうか教えてくださいよ。

先輩　わりぃわりぃ、いずれにしろ投資家っていうのは、たとえリスクがあってもそれに見合うだけの利回りが見込めれば投資は行うんだ。たとえば、今回の社債についても大変な投資リスクはあるけど、それに見合う利回りが60%と判断すれば、投資家はリスク覚悟で投資を行うってわけさ。

後輩　そうか。投資家っていうのは、自身の中にリスクと利回りという判断基準を持っていて、たとえリスクが高くてもそれに見合う以上の利回りが期待できれば投資を行うってことなんですね。

先輩　そう。たとえば、ＵＳＥＮの宇野社長がポケットマネー95億円でフジテレビからライブドアの株式を購入すると発表した一件は覚えてるか？　この投資にもリスクと利回りの計算が綿密になされたと思うよ。

後輩　フジテレビのライブドア株式買い取りに関してはいろいろな**ヘッジファンド**からもオファーがあったと報道されていましたけど、買い取り価格はＵＳＥＮが最も有利だったようですね。

先輩　そうみたいだな。純粋な投資である他のヘッジファンドと違って、ＵＳＥＮの場合は本業との相乗効果が活かせるから両社ともに、利益の上積みが期待できる。そうなると、ヘッジファンドより高い投資となって、リスクもあるけど、それを上回る利回りが

後輩　実現できると判断したんだ。

投資においてはそのように、リスクと利回りについて慎重に判断することが重要なんですね。

ヘッジファンド
株式、債券、為替など多様な変動商品を投資対象とし、高度な金融テクニックを駆使して高収益を目指すファンド。その資金力は莫大であり、1992年の欧州通貨危機、1997年のアジア通貨危機の原因にもなったと言われる。アメリカのジョージ・ソロス氏が率いるクォンタム・ファンドが有名。

ファイナンス理論の基礎を身につけた後輩は投資していたミニ株で大当たり。その資金で投資用マンションを購入するも、資産の評価方法を知らないばかりに高い買い物に……。

先輩　おい、お前何ニヤニヤしながら計算しているんだ。

後輩　あっ、先輩。実はミニ株が最近の株式相場の好調で暴騰しまして、売却益の950万円で投資用のワンルームマンションを購入したんですよ。これで年金とあわせて老後は安泰だなって、今計算していたところなんですよ。

先輩　全く若いのに年寄りみたいなこと言ってんな。そんな泡銭があるんだったら俺と一緒にキャバクラでも行ってパーっと使えばよかったんだ。その方が生きた金の使い道ってもんだぞ。

後輩　先輩に投資しても不良債権と化すだけですけど、マンションを購入すれば金の卵を産むアヒルですからね。投資の価値が全く違いますよ。

先輩　おっ、厳しいことを言うねえ。大体投資用マンションって言っても耐用年数は30年くらいなものだろう。お前が定年を迎える頃

にはもう無価値になって家賃収入どころじゃないぞ。まあ、あと30年決まった家賃収入があるとして、今回のお前のマンションの現在価値を出してみようか。

後輩　えっ、投資用マンションでも現在価値を算出することができるんですか？

先輩　**ああ、ファイナンスでは資産の現在価値を、その資産が将来生み出すキャッシュフローから求めることができるんだ。その方法が割引キャッシュフロー法、俗に言うDCF法ってわけだ。**

後輩　これから30年、僕がもらう家賃を割引率で割り戻して、今回購入したワンルームマンションの現在の資産価値を求めるってことですか？

先輩　**そう。たとえば、お前が受け取ることのできる家賃収入はいくらだ？**

後輩　ええ、毎月6万円ですけど。

先輩　**それじゃあ、毎月かかる費用は？**

後輩　管理費で2万円になります。

先輩　**そうすると、マンション経営は年間48万円の現金収入ということになるだろう。毎月だと計算が大変になるから、単純化して1年に1回48万円の収入があるとしよう。想定利回りを5%とすると、1年目のキャッシュフローに対する現在価値はいくらになるかな？**

後輩　そうですね。48万円を1．05で割って45万7143円になります。

先輩　**それじゃあ、2年後の48万円はどうだ？**

後輩　2年後だから、1年後の現在価値45万7143円をさらに1．05で割ればいいんですね。そうすると43万5374円ですね。

先輩　そうだな。このような方法で30年先までキャッシュフローの現在価値を求めていくんだ。そして最後にそれらを全部足したものが、現在のワンルームマンションのファイナンス上の資産価値になるんだよ。

後輩　ということは、45万7143円＋43万5374円＋41万4642円＋……全部足すと737万8776円になります。えぇー!?　いきなり210万円ほど価値が下がっているじゃないですか！

先輩　だから俺に投資しとけって言っただろう。事前に相談すれば、そんな損する投資は行わなくてよかったのに。キャバクラ1回の投資をケチったばかりに210万円もの大金をどぶに捨てちゃったってわけだ。

後輩　なんかすごいショック。『ショック♪ショック♪ショック♪バージンショック♪』って気分ですよ。でも何事も経験。これをバネにまた株式投資に力を入れるしかないですね。

先輩　おっ、シブがき隊か!?　相変わらず若いのに古い親父ギャグ炸裂だな。しかし、そのポジティブシンキングは次につながるぞ。

後輩　まあ、人生何事も勉強ですから。今回は将来のキャッシュフローを割り引いて資産の現在価値を求めるという方法を学びましたから、今後の投資活動に役立てたいと思います。ところで先輩、今回のような期間の決まったキャッシュフローは、毎年のキャッシュフローを割引率で割り引いて足したもので求められましたけど、期間の決まっていないキャッシュフローを求めることもできるんですか？　たとえば土地に投資する時なんかは耐用年数などないですから、毎年のキャッシュフローを割り引いて足すなんてことできないですからね。

先輩 **落ち込んでいると思いきや、向学心あふれる言葉が出てきたねぇ。ナイスですよぉ。そのようなキャッシュフローは永久年金と呼ばれて、毎年の受取額を割引率で割った額が現在価値になるんだ。**

後輩 えっ、そんな簡単に求められるんですか？ たとえば、毎年48万円という現金を永久にもらえるという投資商品があったとすると、仮に割引率が5％であれば、その投資商品の現在の資産価値は48万円を5％で割った960万円っていうことになるんですね。ということは、永久に同じ額を受け取れるとしたら僕の投資も妥当な金額ってことになりますね。ちょっと安心しましたよ。

先輩 **そうか、それはよかった。他にも毎年の受取額がある一定の割合で永久に増えていくパターンもあるんだが、これは割り増し永久年金と呼ばれて、1年目の現金収支**

DCF法
Discounted Cash Flow法。毎年のキャッシュフローを割引率で割り戻して足し、現在価値を求める方法。

シブがき隊
ジャニーズ事務所が生んだアイドルグループ。メンバーは薬丸裕英、本木雅弘、布川敏和の3人。1982年、TBS系ドラマ『2年B組仙八先生』でデビュー。その後歌手として『NAI·NAI 16』『100％…SOかもね！』『スシ食いねェ！』などのヒット曲を飛ばす。1988年に解散後、それぞれがキャスター、俳優などの分野で活動中。

永久年金
ファイナンスにおいて毎年決まった金額の受取りが永久に続くキャッシュフローのこと。土地の地代などが永久年金にあたる。毎年の受取額を割引率で割って現在価値を求める。

を、割引率から成長率を引いた数字で割ることによって求められるんだ。たとえば、1年目の現金収入が48万円、2年目の現金収入が49万4400円、3年目が50万9232円と毎年3%ずつ成長していくパターンなんだけどな。

後輩　そうすると、そのような投資商品があれば現在の資産価値は1年目の現金収入が48万円、割引率が5%、成長率が3%だから、48万円を割引率と成長率の差2%で割って2400万円ということですね。

先輩　そう。この割り増し永久年金は成長著しい新興企業の企業価値を求める際によく利用されるんだ。

後輩　今でいう**ミクシィ**などの新興企業ですね。新興企業は成長余地がふんだんにありますから、毎年急激にキャッシュフローが増えていきますよね。

先輩　そう。そのような新興企業の企業価値は、当初、10年程度の財務諸表を予測してキャッシュフローを求め、割引率で割り戻して計算した上で、それ以降の企業価値は、割り増し年金方式で計算していくことができるんだ。

後輩　キャッシュフローから現在価値を求める方法はいくつかあって、状況に応じて使い分ければいいってことですね。

先輩　そうだな、この3種類が将来発生するキャッシュフローから現在価値を求める上で基本となるパターンだから、しっかり覚えておくんだぞ。

割り増し永久年金
毎年受け取る金額が一定の成長率で永久に増えていくキャッシュフローのこと。成長が著しい新興企業の企業価値算出の際に用いられる。
1年目のキャッシュフロー÷（割引率ー成長率）
で求められる。

ミクシィ（Mixi）
Web 2.0を代表するインターネット企業。ソーシャルネットワークサービスを提供する。2004年にサービスを開始し、2006年には会員数が600万人を突破した。2006年9月には東証マザーズに上場。

4 投資を評価するには？——NPV法、IRR法、ペイバック法

いきなり価値の下落に見舞われた投資の失敗で意気消沈する後輩。そんな後輩を元気づけようと先輩は二度と投資に失敗しないよう3種類の秘策を伝授する。

後輩　ふー。

先輩　おっ、どうした後輩？　今日は暗い顔がいつになく一層暗くなってるぞ。モデルの彼女にでも振られたかな？

後輩　先輩！　茶化さないでくださいよ。いつも前向きな僕だって落ち込む時はあるんですから。実は先日のワンルームマンションの投資についての軽率な判断を、今反省していたところなんです。

先輩　そうか。昔から言うだろう、『覆水盆に返らず』ってな。投資を行う際には慎重な判断が必要なんだ。ただ、あんまりお前が反省ザルの次郎のように落ち込んでいると周りにとっても迷惑な雰囲気を醸し出すから、今日はちょっといいことを教えてやろう。

後輩　なっ、何ですか？　もしかして、秘書課との合コンの話ですか？　それだったらすぐにでも機嫌がよくなっちゃいますよ。

先輩　相変わらずお前は単細胞だな。そんなおい

しい話があれば、真っ先に俺の引き立て役としてお前を誘ってるよ。今回はいい話を教えてやるから、その見返りとして自爆覚悟で秘書課との合コンを設定しろよな。

後輩　先輩の話次第では考えなくもないですけど。

先輩　大体お前は投資をする際に、じっくりと研究したのか？

後輩　まあいろいろなチラシを見て、結構値ごろだったんで、泡銭ということもあり、〝えいやー〟で投資してしまいました。

先輩　そうだろう。通常投資を行う際はいろいろな評価方法で評価して、有利な投資と判断したところで実行に移すのが賢いやり方ってもんだぞ。

後輩　ところで、その賢いやり方って一体どんなものなんですか？

先輩　まあ、投資の評価方法についてはいろいろな手法があるんだが、代表的な三つの方法について教えてやろう。

反省ザル次郎
1988年、フジテレビ系娯楽番組『笑っていいとも！』に出演。その反省ポーズがお茶の間の視聴者を虜にし、全国区の人気者に。ところが1989年に初代次郎が急死。1990年より二代目次郎の登場となる。2003年、二代目次郎が亡くなり、2007年現在の反省ザル次郎は三代目。

後輩　三つの方法ですか？

先輩　そうだ。まず最も正統的な評価方法はＮＰＶ（Net Present Value）法と呼ばれ、投資の正味現在価値を算出する方法なんだ。

後輩　なんですか、その醤油玄米もちっていうのは？

先輩　あのね、いつも言うようだけど、食い物じゃないから。正味現在価値って言って、投資によって得られる将来のキャッシュフローの現在価値から初期投資額を引いて投資するべきか否かを判断することなの。

後輩　なんだ。正味現在価値だったんですか。

先輩　そう、このＮＰＶ法ではまず投資により将来発生するキャッシュフローを予測することから始まるんだ。たとえば、お前のワンルームマンションへの投資はむこう30年間48万円のキャッシュフローが発生するってことだったよな。そこで割引率を５％とすると、お前が購入したワンルームマンションの現在価値は７３７万８７７６円ってことになる。その現在価値から初期投資額の９５０万円を引くことによりＮＰＶが算出されるってわけだ。

後輩　ということは、737万8776円引くことの950万円ですからマイナス212万1224円ですね。

先輩　ここでＮＰＶはマイナスになるだろう。ということは、この投資を行うことによって現在の価値でお前は２１２万１２２４円を失うってことになるんだ。だからこの計算に基づけば、この投資は行わない方がいいという決断ができるよな。

後輩　そうですね。僕の勘ピューターに頼って投資した結果が212万1224円の損失を招いたってことですよね。

先輩　**そう。お前の勘ピューターは全く当てにならないものだから、そんなものに頼るとろくでもない結果を招くといういい教訓だったな。そんな勘ピューターに頼らなくてもいいように他の方法も教えてやろう。次はIRR（Internal Rate of Return）法と言って、内部収益率で投資の評価をする方法なんだ。**

後輩　またまた、難しい言葉が出てきましたね。内部収益率って何ですか？

先輩　**内部収益率っていうのは、簡単に言うと投資の利回りのことだ。たとえば、今回の場合、950万円投資して毎年48万円を30年間受け取ることができるだろう。この場合、内部収益率は計算するとおよそ2・9％になるんだ。**

後輩　ということは、今回の僕の投資は現在価値に引き直すと2・9％の利回りってことなんですね。

先輩　**そう。そこでこのIRR法ではハードルレートといって同じリスクを持つ投資案件**

NPV法
投資の生み出すキャッシュフローの現在価値から初期投資額を差し引いて、正味現在価値を求める手法。NPV法ではまず投資により得られるキャッシュフローを予測し、現在価値を求め、初期投資額を差し引いた段階で正味現在価値が正なら投資を実行し、負なら投資を見送る決定がなされる。

IRR法
リスクが同程度の投資案件と利回りを比較することにより投資を評価する手法。初期投資額をCF0とすると次の公式でIRRを求めることができる（実際にはExcelや関数電卓でIRRを求める）。$CF0+CF1/(1+IRR)+CF2/(1+IRR)^2+\cdots\cdots+CFa/(1+IRR)^a$。IRR法ではまずハードルレートを設定し、次に投資によって得られるキャッシュフローを予測。予測に基づいて内部収益率（IRR）を計算し、ハードルレートよりも高ければ投資を実行し、低ければ投資を見送る決定がなされる。

の利回りを設定し、投資する案件の利回りと比べることによって投資の判断を行うんだ。

後輩　たとえば、ハードルレートが5%であれば、今回の投資の利回りは2.9%とハードルレートよりも低くなるから、投資は行わない方がいいという決定ができるんですね。

先輩　そういうことだな。ただ、このIRR法で注意しなきゃいけないのは、規模の異なる投資機会を比較する時などは、稀に誤った投資評価を下すことがあるってことなんだ。IRR法はあくまでも利率の比較であって、投資案件の規模は考慮されないからな。

後輩　IRR法っていうのは万能ではないってことですね。

先輩　そうだな。そして最後の投資評価の方法はペイバック法と言って回収期間を計算して、投資の判断を行う手法なんだ。たとえば、950万円の投資で毎年48万円のキャッシュフローがあれば、初期投資を回収するまで20年の期間が必要になるだろう。この期間が適切かどうかを判断して投資を決断するんだよ。

後輩　ペイバック法は他の方法と違って簡単ですね。

先輩　単細胞のお前にはペイバック法は馴染みやすいかもな。ただ、金銭の時間的価値の概念が考慮されてなかったり、回収期間以降のキャッシュフローが考慮されてなかったり、回収期間を合理的に設定することが不可能であったりと欠点も多いから、この方法を主に使うには問題点も多いんだ。

後輩　そうすると、今回学んだ複数の投資評価の方法を組み合わせて総合的に判断すると失敗も少なくなりそうですね。

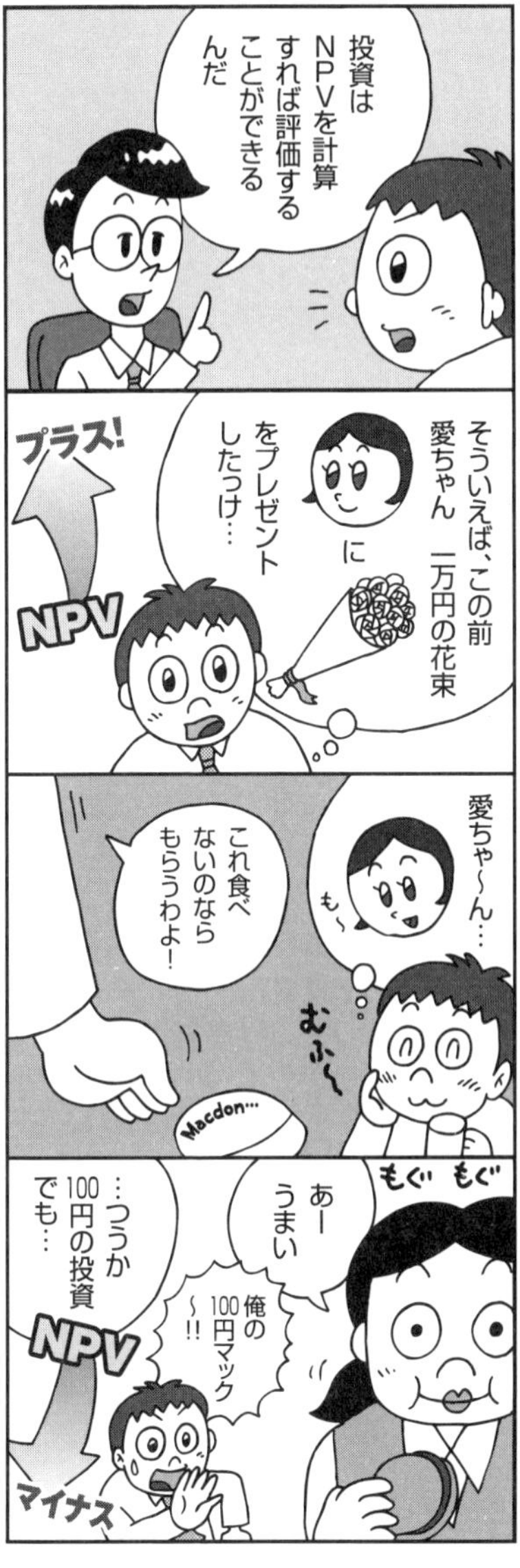

ハードルレート
IRR法において投資と比較対照するための、同じ程度のリスクを持つ投資案件の利回りのこと。

ペイバック法
予測されたキャッシュフローにより初期投資が何年で回収されるかを計算して投資の判断材料とする手法。

第3章 株式の基礎知識

株式会社は厳しい審査を経て自社の株式を公開することで、広く一般の投資家が株式を購入できるようになります。株式が一般に公開されると、日々価格が変動し投資家間で取引が行われることとなり、株式取引は証券取引所および証券会社の店頭で売買されます。

店頭で売買が行われるシステムの代表はマイクロソフトやインテル、アップルなどが株式公開しているアメリカのNASDAQですが、現状日本においては2004年にJASDAQが証券取引所に移行して以来、店頭取引は行われていません。日本では東京証券取引所を始め、大阪、名古屋、札幌、福岡に証券取引所があり、企業が株式を公開しています。また各証券取引所は新興企業向けにマザーズ（東京）、ヘラクレス（大阪）、セントレックス（名古屋）、アンビシャス（札幌）、Qボード（福岡）を開設しています。上場条件を緩和させて、株式公開による新興企業の資金調達を可能にしています。

株式市場の動向を示す代表的な指標には、日本経済新聞社が発表する日経平均や東京証券取引所の発表するTOPIXがあり、特にTOPIXは機関投資家の運用成果を測る指標としても幅広く利用されています。

また個別の企業の株式を評価する指標としては、1株当たりの収益と株価を比較するPERや、株価を1株当たりの純資産で割ってその水準を測るPBR、企業が株主から預かった資金をどれだけ効率よく利用しているかを測る指標ROE、年間どれくらいの割合で株主に配当を還元するかを測る指標である配当利回りなどが一般的な指標として使われています。

1 株式会社の仕組みとは？

株の投資にのめり込んでいく後輩。含み損を抱え、成果は上がらない。先輩から株式運用の上で必須の知識を学んで巻き返しを図る。

後輩　先輩、株って難しいですよね。先輩のアドバイスを基に株に投資しているのはいいんですが、一時期儲かったと思ったら、また含み損を抱えちゃいましたよ。

先輩　まあ心配するな。俺がいるかぎりは大船に乗った気でいろ。

後輩　よっ！　ファイナンスのプロフェッショナル！

先輩　お前、相変わらずヨイショだけは天下一品だな。まあいいや、それじゃあ株式の基礎から教えてやろう。あのな、株式っていうのはな、会社の持分を細分化したものになるんだ。この会社の持分を分割することによって、より多くの人から投資を引き出すことが可能になる仕組みなんだよ。

後輩　株は会社の持分を細分化したものとすると、会社の所有者は経営者ではなく、株主っていうことになるんですか？

先輩　ああ、法律上会社は株主のものだから、企業活動を通じて発生した利益や損失はすべ

て株主に帰属するんだ。

後輩　そうすると利益が出る企業はいいですけど、赤字の企業の株主は大変ですね。毎日、肝を冷やしながら業績を見守らなきゃいけないなんて。

先輩　ところが株式会社の制度にはいい点があって、利益はいくら儲けても株主のものになるけど、損失は最悪の場合、たとえば出資している企業が倒産した時など、その出資の範囲で責任を取るだけでいいんだよ。

後輩　そうなんですか。じゃあ、100万円投資してある企業の株を買ったとして、その企業が業績不振で倒産しても100万円を超える部分についてはいくら負債があろうが、企業の所有者として払う必要がないってことなんですね。

先輩　そう。それが株式の有限責任制度といってて株式会社のいい点なんだよ。他にも株主の権利はいろいろあって、たとえば企業が得た利益の分配を請求する配当請求権や、企業が倒産した場合でも負債の返済後資産が残っていればそれを請求できる残余財産請求権、株主総会で持株数の分だけ重要な企業の意思決定に議決権を行使できる株主総会議決権などがあるんだ。

後輩　なんだか難しいですけど、いろいろ株主は権利を主張できるってことですね。ニッポン放送株を巡るインサイダー取引に絡んで証券取引法違反容疑で逮捕されちゃいましたけど、**村上ファンド**の村上さんなんかはこのような権利をフルに活用して物言う株主として活躍したってわけですね。でも権利も多ければ、それに対して義務もたくさんあるんじゃないですか？

先輩　**ところがだよ、株主の義務としてはさっき言ったように出資の範囲で責任を負う出資義務があるだけなんだ。**

後輩　へぇー、意外ですね。それだけ権利を持っていれば、逆にいろいろな義務も生じると思いましたけど。それで株主は株式の持分に応じて平等にその権利を行使できるってことですか。

先輩　**確かに、お前の言ったように株主は平等に権利を行使することができるんだけど、中には例外もあるんだ。**

後輩　例外って株式数のいかんにかかわらず有利に権利を行使できることがあるってことですか？　わかった！　たとえば政治家とか影響力のある人には特別な株を用意して優遇するってことですね。

先輩　**あのねぇ、政治家に配る特別な株なんていうのはないの。俺が言っているのは、企業が発行する優先株や劣後株のことなんだ。**

後輩　ユーセン株とレツゴー株？　あまり聞き慣れない株ですけどね。

先輩　**確かにお前のような素人では、企業の株と食べ物のカブの区別もつかないだろうからな。いいか、優先株っていうのは普通株に優先して配当や残余財産の分配を受けることのできる株式なんだ。ただ、このように配当の面では優先株は優遇されているんだけど、代わりに普通株と違って議決権がないなどデメリットもあるんだ。たとえばバブル崩壊後、銀行が不良債権問題で危機的な状況に陥った時に政府に対して優先株を発行して資金を調達したよな。**

後輩　政府に対して高い配当を行うけど、議決権の行使、つまり口出しはして欲しくないってことですね。

先輩 **そう、ただ気をつけなくちゃいけないのは、たとえば、優先株を発行しても約束の配当を支払うことができなければ、普通株式に転換されて議決権を行使される可能性があるってことなんだ。また、企業にとっては、いくら株主といえども議決権がないから経営に口出しできないということはあるけど、優先株は普通株式に比べて高い配当を実現しなきゃいけないから、企業側にとってはコストも高くつくということも念頭においとく必要があるんだ。**

後輩　公的資金による銀行救済の場合も、配当できなければ政府が優先株を普通株式に転換させて議決権を持ち、実質国有という危険性もあったわけですね。

先輩 **そう。だから、銀行側とすると1日でも早く公的資金を完済して、そのような危険性をなくしたいってことさ。**

後輩　優先株はわかりましたけど、レッツゴー株はどうなんですか？

村上ファンド
元通産官僚の村上世彰氏が率いた投資ファンド。正式名称は株式会社M&Aコンサルティング。2002年、東京スタイルの株式買収では同社が保有していた内部留保数百億円を配当として株主に還元するよう提案、「物言う株主」として脚光を浴びる。2006年、シンガポールに本社移転後、ライブドアのニッポン放送株買収に絡むインサイダー取引容疑が浮上。村上氏が逮捕され、代表を辞任。後任の代表として丸木強氏が指揮を執る。

先輩　**あのねぇ、レッゴー株じゃなく、劣後株。劣後株っていうのは優先株の反対で、配当や残余財産を請求する権利などが普通株式に比べて劣後している株式なんだ。**

後輩　へぇー、そうするともしかして、議決権は普通株式の倍くらいあったりするんですか？

先輩　**劣後株の議決権自体は普通株式と変わらないんだ。**

後輩　じゃあ、どうして劣後株なんて引き受ける株主がいるんですか？

先輩　**ああ、たとえば会社に十分な利益が上がってない場合、普通株式を発行して資金調達をすると、1株当たりの配当金を下げざるを得ず、これまでの株主に迷惑をかける場合があるんだ。そのような場合、配当の低い劣後株を発行して、配当を抑えることにより、既存の株主に迷惑をかけることなく資金調達が行えるってわけさ。**

後輩　でも、そんな不利な株を引き受ける株主なんていうんですかね？

先輩　**そうだな。だから劣後株を引き受ける株主は会社の経営者であるとか発起人であるとか、会社の経営に深く関わっている人が主に引き受ける株式と言えるんだよ。**

後輩　普通であれば、そんな株式を引き受ける奇特な人はいませんよね。でも株式会社の株式ってすべて市場で取引されているんですか？

先輩　**そんなことはないさ。通常はどの企業も少ない資本、少ない株主でスタートするのが一般的なんだ。そして事業が軌道に乗れば、株式を上場させて資金調達を行い、さらに成長を目指すというパターンだな。**

後輩　あっ、その株式の上場は聞いたことありますよ。確かTPOでしたよね？

先輩　それを言うならIPOだろう。Initial Public Offeringの略なんだ。今では日本でも、東証だけでなく東証マザーズやJASDAQなど新興市場が設立されているから、赤字のベンチャー企業でも成長性が確認されれば短期間で上場も可能な時代なんだよ。たとえば、GMOの熊谷（正寿）社長なんかは、まぐクリックという会社を設立して364日で上場させたという話もあるんだ。

後輩　364日って言えば1年未満じゃないですか！　最初から上場を狙ってなければ実現できっこないことですね。でも、なんで企業は上場を目指すんですかね？　そのメリットはどこにあるんですか？

先輩　ああ、まずは企業の認知度や信用力が上がって、資金調達がやりやすくなるし、それに加えて、決済方法など取引先との条件が有利になったり、採用でいい人材を確保できたり、いろいろとメリットはあるんだ。

GMO
正式名称はGMOインターネット。東証一部に上場するインターネット関連企業。グループの主な事業はinterQ、ZERO、ベッコアメなどのインターネットプロバイダー事業、お名前.comなどのドメイン事業、LOLIPOP、iSLEなどのレンタルサーバー事業など。

熊谷正寿
東証一部上場企業GMOインターネットの代表取締役会長兼社長。自身のシステム手帳にはこだわりがあり、自らが考案したシステム手帳もビジネスパーソンに人気を博す。著書には『一冊の手帳で夢は必ずかなう』『20代で始める「夢設計図」』『情報整理術クマガイ式』などがある。

まぐクリック
ヘラクレス上場企業。メールマガジン広告やDM広告、キーワード広告などインターネット広告全般を取り扱うインターネット広告代理店。

後輩　逆にデメリットはないんですか？

先輩　デメリットももちろんあるさ。株式を公開するということは、企業側からすると株主を選べる立場ではないからどんな人が株主になるかわからない面があるんだ。そうすると経営者は生ぬるい経営は行えなくなるし、企業情報を適切に公開する必要があるからそれなりのコストはかかるんだ。

後輩　そうですね。阪急グループの買収で一件落着しましたけど、たとえば村上ファンドが**阪神電鉄**の株を約半数まで買い進めて経営に口を挟むという事例もありましたしね。経営者側とすると意図していなかったこととはいえ、市場では誰が株を買うかわからないし、株主になれば議決権が発生してくるから、多くの議決権を抑えている株主の言うことは聞かないといけないし、たいへんですよね。

先輩　だから名の知れた大企業でも株式を上場していない企業だってあるんだ。

後輩　へぇー、一体それはどんな企業なんですか？

先輩　たとえばサントリーとか、竹中工務店なんかは、企業規模が大きいにもかかわらず上場していない企業の代表なだな。

後輩　誰でも知っている超有名企業の中でも上場していない企業があるんですね。そのような企業は株式上場のメリットとデメリットを比べて、デメリットの方が大きいという判断を下してるってことか。

阪神電鉄

大阪と神戸を結ぶ鉄道を運営。阪神タイガースや阪神百貨店の親会社でもある。2005年10月には村上ファンドによる株式大量購入の事実が判明。村上ファンドは阪神電鉄側に阪神タイガースの上場、経営陣の刷新などの株主提案を行うが、阪急ホールディングスが経営陣の救済の依頼に対し、阪神電鉄株のTOBを実施。阪急ホールディングスが発行済み株式の63%を購入して子会社化した。

サントリー

アルコール、清涼飲料販売大手。1899年に鳥井信治郎が鳥井商店(のち寿屋)を創業したのが始まり。1963年に現社名であるサントリーとなる。2006年3月期の売上は1兆3737億円であるが株式は公開していない。

竹中工務店

1899年に創業した大手総合建設業。売上高は1兆円規模。清水建設、大林組、鹿島、大成建設とともにスーパーゼネコン5社の一角を担う。5社のうち株式を上場していないのは竹中工務店のみ。

2 株式の投資判断を行うには？ ――PER、PBR、ROE

待ちに待って株式市場も上げ相場。上昇気流の波に乗り、必勝を期す後輩。そんな後輩に対して先輩は銘柄選択の決定打となる判断指標を授ける。

後輩　先輩、何か日本もようやく不況を脱出して株式市場も上げ相場ですけどね。紅白歌合戦では問題になりましたけど、DJ OZMAのアゲ♂アゲ♂EVERY☆騎士のリズムに乗って、僕もこの上昇気流に乗っていきますよ。ところで一つ相談なんですが、株の銘柄を選ぶコツなんかを教えていただけませんか？　お買い得な株を購入して、ぜひとも株成金を目指したいんですけど。

先輩　お前はいつも他力本願だな。最近じゃあ、俺がいくらアドバイスしても見返りがないから、正直、お前を見放そうかと思っていたんだよ。

後輩　まあ、そうおっしゃらずに。今度のお中元はちゃんと先輩の好きな『いいちこ』を贈りますから。

先輩　そうか。今年のお中元は『いいちこ』か。期待しているぞ！　それじゃあ、いくつか株式投資の際のポイントを伝授してやろ

う。

後輩　先輩は物や合コンが絡むと、手のひらを返したように態度が変わるところが好きですよ。

先輩　それだけ人間が正直ってことだろう。まあ、そんなことはどうでもいいから本題に入ろう。大体、投資家が株に投資する際にはいくつかの指標を用いて、投資する株が割安か割高かを判断しているのを知ってるか？

後輩　いいえ。でも、その指標とやら興味ありますね。一体どんなものなんですか？

先輩　まずはＰＥＲと言って、１株当たりの収益と株価を比較して株価水準が割安なのか割高なのかを判断する指標なんだ。このＰＥＲは株価を１株当たりの収益で割って、その倍率を見ていくことになるんだよ。じゃあ、実際にＰＥＲを算出して株価水準の比較をしてみようか。たとえば、発行済み株式数が１万株の企業が１億円の収益を上げたとするだろう。その企業の株価が現在１万円だったとすると、１株当たりの収益は１万円だからＰＥＲは１万円を１万円で割

DJ OZMA
韓国、台湾、日本とアジアを股にかけて活躍する国際派アーチスト。2006年に発表した『アゲ♂アゲ♂EVERY☆騎士』で紅白歌合戦出場を決める。しかし、紅白での過激な演出に苦情が殺到、非難の的となる。

PER
Price Earning Ratioの略。株価を1株当たりの当期純利益で割って求められる。株主の立場からのPERは利益が全額配当として還元された場合、何年で元本を回収できるかという目安となる。

って1倍ということになる。一方で、発行済み株式数が5000株の企業が1億円の収益を上げていて株価が3万円だったとすると、株価3万円を1株当たりの収益2万円で割って1・5倍。この時2社のPERを比べて低い方が割安の株ということになるんだ。

後輩 そうするとこの場合、PERは1倍と1・5倍だから低い方の1倍の会社の株の方が割安株っていうことができるんですね。

先輩 そう。簡単だろう。それじゃあ次の指標にいってみるか。次はPBRと言って株価を1株当たりの純資産で割ってその水準を測るんだ。たとえば、株価と1株当たりの純資産が等しければPBRは1となって、もしこの企業がその時点で解散することになっても、企業には株主資本と同等の資産価値があるから、株主はとりっぱぐれることがないってことだ。

後輩 ということはPBRっていうのは、高ければ割高だし、1より小さければ割安ってことになるんですね。

先輩 そうだな。ただPBRっていうのは、通常1より小さいってことは考えられないんだ。もし1より小さければすべての株式を買って解散すれば、その瞬間利益を得ることができるからな。ただ、バブル崩壊後の日本では不動産や株式などが下落しているから、帳簿に記載されている簿価と時価の間に乖離が発生している場合があるんだ。そうなると、その簿価を時価に引き直して1株当たりの純資産を求める必要がある。

後輩　そうですよね。私なんか買った瞬間に資産が一気に目減りしたんですから、バブル期に不動産や有価証券を高値でつかんだ企業はもっと大変ですね。その資産が値下がりしている分を時価で見る必要があるんですね。

先輩　そう。このPBRも簡単な事例で紹介すると、たとえば、株式総数100株の企業の株価が1000円で、その純資産が5万円とすると1株当たりの純資産は500円だから、PBRは1000円を500円で割って2倍となる。一方で株式総数200株の企業の株価が900円で、その純資産が12万円とすると1株当たりの純資産は600円だから、900円を600円で割って1.5倍ということになる。

後輩　そうするとPBRは前者が2倍、後者が1.5倍ですから、後者の方が割安と結論づけることができるわけですね。

先輩　その通り。それじゃあ次は企業が株主から預かった資金をどれだけ効率よく利用しているかを測る指標ROEを見ていこう。

PBR
Price Book-value Ratioの略。株価を1株当たりの純資産で割って求められる。現在の企業価値が会計上の解散価値の何倍であるかを表す指標。通常は1倍を下回ることはないので、株の下値を推定する意味で参考指標となる。

ROE
Return On Equityの略。税引き後当期利益を自己資本（株主資本）で割ることにより求められる。企業が株主から集めた資金でどのくらいの収益を上げることができたかを表す指標。

このROEは税引き後の利益を株主から調達した資本で割って、そのパーセンテージを比べていくんだ。

後輩　株主資本を効率的に活用している企業、つまりROEがより高い企業に投資すればいいってことですね。

先輩　**ああ、特に欧米の投資家はこのROEを重視して投資を決めているんだ。それほど、企業にとっては重要な指標のうちの一つなんだよ。**

後輩　投資家が重視するってことは、企業側もROEを向上させるのに一所懸命にならなきゃいけないですね。

先輩　**そのとおり。企業側にとっては、このROEを求める公式を分解してみればわかるんだけど、ROEを高めるには二つの方法があって、総資産利益率、いわゆるROAを高めるか、株主資本よりも負債の比率を高めて財務レバレッジを利かせればいいんだ。**

後輩　それって一体どういうことですか？

先輩　**ROEというのは税引き後利益を株主資本で割ったものだろう。ということは、その式を分解してみるとROE＝（税引き後利益÷総資産）×（総資産÷株主資本）とすることができるんだ。これは、ROE＝ROA×財務レバレッジ、と置き直すことができるってことさ。**

後輩　そうか。ROE＝ROA×財務レバレッジだから、ROAを向上させるか、財務レバレッジを利かせることによってROEを向上させることができるんですね。

先輩　**そう。まあROEも事例で比べていくと、たとえば時価総額100万円の企業が10万**

円の税引き後利益であればROEは10％になるし、時価総額50万円の企業が8万円の税引き後利益だとROEは16％となる。

後輩　だから、投資家とすると後者のROEの高い方を好んで投資することになるんですね。

先輩　**そうだな。そして最後の指標として配当に関する指標を見ていくことにするか。**

後輩　配当に関する指標か。投資家っていうのは株価が上がるキャピタルゲインだけじゃなく、定期的に還元される配当も当てにしていますからね。

先輩　**ああ、たとえばリスクをあまり取りたくない投資家は、電力株などあまり値動きがなくて配当のいい株に投資する傾向があるんだ。そんな時に、投資する株の魅力度を測る指標に配当利回りというものがある。これは1年間に受け取る配当を株価で割って、パーセンテージを求めることによって算出することができるんだ。**

後輩　今なんて特に定期預金の金利にしても雀の涙みたいなものですから、この配当利

ROA
Return On Assetsの略。税引き後当期利益を総資産で割ることにより求められる。企業が総資本を利用してどのくらい収益を上げることができたかを表す指標。

財務レバレッジ
自己資金の範囲を超えた事業を行うために借入金を利用すること。自分の実力以上の力を発揮するてこ（レバレッジ）の原理を財務戦略として活用する。

回りを計算して、定期預金よりよければリスクの少ない株式に資金を移動するっていう人も出てきてますよね。

先輩　**バブル崩壊後は株価も大幅に下落して、この配当利回りが極端に向上した企業も出てきたからな。それでも日本の企業っていうのは、安定株主対策として企業間で株式の持ち合いを行っていて配当を期待する株主が少ないし、企業側も安定的な配当政策で業績がよくても配当を低く抑えてきたから、欧米の企業に比べると配当利回りは大したことないんだけどな。**

後輩　株式を持ち合っていれば相手企業に対して、いくら利益が出ても配当を上げろとは言えないですものね。そんなことをしたら今度は自分に返ってくるから同じことだし。でも、個人投資家にとっては配当もそうですけど、**株主優待**も考慮に入れているんじゃないですか。

先輩　**そうだな。航空会社や鉄道会社などは株数に応じて無料パスや優待券を配るところもあるし、レストランなどでは食事券を配るところもあるから、それを含めて投資を決定する個人投資家もいると思うぜ。それじゃあ、この指標も簡単な事例で説明すると、たとえば株価500円の企業が年間配当を1株当たり5円行っていれば配当利回りは1%だし、株価600円の企業が12円行っていれば2%ということになる。**

後輩　そして、高い配当を期待する投資家は、配当利回りの高い後者の株の方を好んで投資するってことになりますね。

先輩　**そうだな。株式投資っていうのは、これらの指標や他の指標を多面的に分析して投資**

の判断をすることが重要になってくるんだぜ。

株は指標を比べながら投資するんだ指標のなかでもROEはテコの原理を応用して…
あ〜めんどくさ…
テコ!?
テコを応用して…
な、なにするんだよ!!
グイッ
それ!!
ドン!
ピューッ!
!
ピュ〜ッ!
いらっしゃ――い♡
なんでー!?

株主優待

株主に対して配当金に加え、自社製品などを提供すること。各社が自社株式の魅力をアップさせるために、この制度を導入している。たとえばソフトバンクはYahoo!BBが最大3ヶ月無料になる株主優待を実施しているし、ディズニーリゾートを経営するオリエンタルランドでは、東京ディズニーランドもしくは東京ディズニーシーの1日フリーパスを最大6枚プレゼントしている(優待条件はいずれも2006年現在)。

3 株式取引の形態とは?——現物取引と信用取引

株式市場の上げ相場。株式投資の基礎知識。株で儲ける条件は揃った。ところが肝心の資金が心もとない。そこで先輩は資金がなくても株式投資できる秘術を披露する。

後輩　先輩、株式の取引って東証だのマザーズだのヘラクレスだのいろいろありますけど、どこがどう違うんですか?

先輩　ああ、株式会社が株式を一般に公開する時には証券取引所に上場しなきゃいけないんだ。投資家を保護するっていう意味でとても厳しい上場基準をクリアした企業のみが東京証券取引所などに上場することができるんだ。そして東証などに上場できない、資金力の乏しいスタートアップのベンチャー企業のために、大幅に上場基準が緩和されたのが東証マザーズや大証ヘラクレスというわけだ。

後輩　とすると、市場の違いは株式を公開する基準の厳しさということになるんですか?

先輩　まあ、それも一つの違いだけど、他にも違いはある。たとえば株式の取引については、証券取引所での売買は取引所の会員である証券会社にしか認められていないんだ。

後輩　えっ、それじゃあ、たとえば証券取引所の会員以外の証券会社や個人投資家は、株式を購入する場合には会員の証券会社を通して株式の売買を行わなきゃいけないんですね。

先輩　そういうこと。このような証券取引所の取引形態に比べ、店頭市場ではその名の通り取引所を通さずに、証券会社の店頭で登録銘柄と呼ばれる株式が、証券会社と投資家の間で売買されているんだ。

後輩　へぇー、そうなんですか。

先輩　ただ、日本の場合、主な株式の取引は東京証券取引所に集中しているんだけどな。

後輩　そういえば、よく新聞でも話題になるのは東証の株価指数ですものね。TOKIOとか何とかいう。

先輩　TOKIOはジャニーズのタレントだろう。それを言うならTOPIX。Tokyo Stock Price Indexを略したものだ。

後輩　そうそう、そのTOPIXってやつ。ところでTOPIXってどうやって出しているんですかね？

TOKIO
ジャニーズ事務所に所属するアイドルグループ。1994年9月21日に『LOVE YOU ONLY』でCDデビューするや同年の紅白歌合戦に初出場を決める。デビューより3ヶ月と10日での紅白歌合戦出場は、当時としては最短記録を塗り替えたもの。メンバーはリーダーの城島茂を始め、長瀬智也、松岡昌宏、山口達也、国分太一の5人。

先輩　**ＴＯＰＩＸは東証１部の全銘柄の時価総額を、基準とする日の時価総額で割って１００を掛けたものなんだ。**

後輩　その基準とする日って一体いつなんですか？

先輩　**ああ、ＴＯＰＩＸを算出する際は１９６８年１月４日の東証１部の時価総額を基準として求めてるんだ。このようなＴＯＰＩＸは時価総額の増減を指数化したものだから、発行済み株式数の多い大型株に影響を受けやすいという特徴があるな。**

後輩　他にも株の値動きを見る指標で日経平均というのもありますよね。この日経平均というのはＴＯＰＩＸとどう違うんですか？

先輩　**違いはいくつかあるんだけど、まず算出している機関がＴＯＰＩＸの東京証券取引所に対して、日経平均は日本経済新聞社なんだ。この平均株価も元々東証が計算していたんだけど、１９７０年に計算を廃止したのに伴って日経新聞社が引き継いで計算を行っているんだ。**

後輩　日経平均っていうのは名前の通り、日経新聞社が計算を行い発表しているから日経平均と言われるんですね。

先輩　**そう。また、東証１部に上場されている全銘柄の時価総額を対象とするＴＯＰＩＸに対して、日経平均株価では２２５銘柄の株価の平均を指数化したものなんだ。だから日経平均は別名〝日経２２５〟とも呼ばれてるってわけだ。**

後輩　日経２２５か。２２５銘柄ということは、日経平均は市場全体の値動きを反映したものじゃないってことですね。

先輩　**そうだな。日経平均の場合、株価を単純に平均しているから、たとえ発行株数が少なくても株価の高い値動きに影響されやすいという特徴があるな。**

後輩　TOPIXは発行株式数の多い大型株に影響を受けやすいってことでしたけど、日経平均は株価の高い株式に影響を受けやすいのか。

先輩　**ああ、このように株式を売買する上で参考となる指標には、日経平均のような株価を平均したものとTOPIXのような時価総額を基準にしたものがあるんだけど、機関投資家の間では運用成績を評価する際のベンチマークとしてTOPIXを利用していることが多いんだ。このようなTOPIXと連動した運用方法はパッシブ運用やインデックス運用と呼ばれ、市場と同等の動きを目指す、言ってみれば消極的な運用方法になるんだ。これに対して市場の指標を上回る運用を目指す方法はアクティブ運用って呼ばれるんだけどな。**

後輩　専門家が市場と同じ成果を求めるなんて、いやに弱気ですね。僕だったら超アクティブ運用でガンガン儲けを追求していきますけどね。ただ悲しいかな、先立つものが乏しいんですよね。

先輩　**金のことか？　まあ、お前にとっちゃ相応の投資資金を用意することも難しいよな。ところがだよ、株式取引にはお金がなくても取引できる魔法のような仕組みがあるんだ。**

後輩　先輩、またまたご冗談を。お金がないのに株の取引なんてできるわけないじゃないですか。

先輩　**株式の取引には現金で実際に株を売買する現物取引と、証券会社に現金や株を立て替えてもらって取引を行う信用取引っていうのがある。この信用取引では証券会社に一定の委託保証金を預ければ、決められた範囲の中で現金がなくても株式の売買ができるんだぜ。**

後輩　ということは、100万円しか実際に手元になくても200万円分の株式売買ができるってことなんですか?

先輩　**まあ、そういうことになるな。**

後輩　でも、なんでそんな信用取引なんていう仕組みが利用できるんですかね。

先輩　**ああ、たとえばお前が保証金を100万円預けて200万円の株を買うとするだろう。ただ、この200万円の株は担保として預けなければいけないんだ。だからその株を200万円以上で売れれば、証券会社とすれば購入代金の立替え分は問題なく回収できるし、もしその株価が200万円より下がるようなことがあっても、半額の100万円になるまではとりっぱぐれがないだろう。またある一定以上に株価が下がれば、追証（おいしょう）と言って追加の委託保証金を積み立てないと取引ができない仕組みになっているんだ。**

後輩　保証金100万円と下落した株100万円で、なんとか購入代金の200万円は賄えますよね。また、あまりに株価が下がると追加の保証金で値下がりのリスク分をカバーするっていうことですね。

先輩　**信用取引では、金銭や株式を立て替えた証券会社が損をしないように、また資金や株の必要な投資家に便宜を図るように、お互**

いにメリットがある仕組みになっているんだよ。

後輩　信用取引を行えば元手が少なくても大きな取引ができるとわかって、なんだか希望が湧いてきましたよ。よーし、信用取引でガンガン儲けるぞ！

先輩　あのねぇ、信用取引っていうのは現物取引に比べて非常にリスクの大きい取引だから、あまり考えなしに行うと痛い目に遭うぞ。

4 配当から株価を算出するには？——DDM

信用取引を利用して少ない資金で大きな株式投資を試みる後輩。そんな後輩に対して、リスクを減らすために先輩は株価の理論価格の算出を伝授する。

後輩　先輩、元手が少なくても大きな取引のできる信用取引の存在を知ってワクワクしてきましたよ。それで今、どの株に投資しようか悩んでいるんですけどね。

先輩　ところでお前は、株価がどうやって決定されるか理論的な背景は知ってるのか？

後輩　そんなのあるんですか？　株価っていうのは、売りたい人と買いたい人の思惑が一致した値段で売買されるんでしょう？

先輩　確かにお前の言うことは否定できないけど、株価の決定にもちゃんとしたファイナンス理論の背景があるんだ。そんな理論の背景も知らないようじゃ、投資で火傷するのは火を見るより明らかだな。

後輩　先輩、そんなに脅さないでくださいよ。ところで、株価を決定するファイナンスの理論て、どんなものなんですか？

先輩　ああ、ファイナンスで株価を算出するモデルにはいくつかあるんだけど、今回はDDMという方法を伝授してやろう。

後輩　DDMですか？

先輩　そう。DDMっていうのはDividend Discount Modelの略で、株式の配当を現在価値に引き直して株価を求める手法なんだ。

後輩　どうして配当から株価が求められるんですか？

先輩　事例で説明しよう。まず、金融資産の価値はその投資した資産がどのくらい将来にわたってキャッシュを生み出すかによって決まるんだ。たとえば1年後に100円のキャッシュを生み出してくれる資産は、割引率が5%とすると100円を105%で割って、現在の価格は95円24銭ということになるし、1年後に100円、2年後に100円のキャッシュフローを生み出す資産は、まず2年後の100円の現在価値を求めるとすると、1年後の100円の現在価値95円24銭を、さらに105%で割って90円70銭になるから、95円24銭と90円70銭を足して185円94銭という計算になるんだ。

後輩　金融資産の価値はそのように、将来受け取るキャッシュの流れによって計算できるんですね。それじゃあ、株価の計算はどうなるんでしょう？

先輩　株価の計算も今やったものと同じようにして求めることができるんだ。たとえば、1年後の配当が100円、株価が1万円とすると、配当金と売却代金の現在価値は、割引率を5%とすると9619円となる。1年で手放さなければ1年目の配当金の現在価値と2年目、3年目と続く配当金の現在価値、そして売却時の株価の現在価値を足したものが現在の評価になるってわけさ。

後輩　でも、長年にわたって企業の業績を予測することは難しいし、ましてやその配当を正確に把握するなんて至難のわざじゃありませんか？

先輩 **おっ、痛いところを突くねぇ。実はそうなんだ。だからこのDDMではいくつかの条件を単純化することによって株価を算定していくんだ。**

後輩 どのように単純化するんですか？

先輩 **ああ、一つは将来にわたって一定額の配当が維持されるというパターンと、配当額が毎期一定の成長率で増加していくというパターンなんだ。**

後輩 たとえば、毎期100円の配当が永久に続くような場合と、100円の配当が102円、104円、106円……と毎期2％ずつ増加していく場合に単純化して株価を算定していくわけですね。

先輩 **そうだ。そのような場合は簡単に株価を求めることができるんだよ。**

後輩 実際にはどんな計算になるんでしょう？

先輩 **まずは一定額の配当が続くと仮定した場合の方は、配当額を期待収益率である割引率で割るだけでいい。これは永久年金型のキャッシュフローの現在価値を求める場合と同じ公式で求められるってことだ。**

後輩 そういえば、配当も年金も毎期決まったお金がもらえるっていう意味では同じですよね。年金の現在価値を求める時に教えてもらった計算式を使えばいいんですね。だからたとえば、永久に毎期100円の配当を実施している企業の株価は、期待収益率を5％とすると100円を5％で割って2000円ということになるんですね。

先輩 **そういうこと。もう一つの配当金が一定の**

割合で増えていくパターンの場合は、これも年金の現在価値を求める時に教えた永久割り増し年金の計算式と同じことになる。

後輩　えーと、永久割り増し年金の求め方は1年目の受取額を、割引率から成長率を引いたもので割るということでしたね。

先輩　そうだったよな。だからたとえば1年目の配当が100円、割引率となる期待収益率が5%、配当の成長率が2%だとすると、100円を3%で割って3333円が株価となるんだ。

後輩　へぇー、ファイナンスの基本的な理論では、そのように配当の受取額をベースに株価を計算することができるんですね。

第4章 リスクの基礎知識

投資には確実に儲かるという話はまずありえません。確実に儲かるという話を聞いた時には、まず疑ってみることが必要なのです。通常高いリターンを求めるなら、高いリスクを覚悟しなければいけないし、低いリスクを選ぶならば低いリターンに甘んじなければいけません。一般的に「ローリスク・ハイリターン」というのは余程の不正な行為がなければ実現することは難しいのではないでしょうか。

このようにとってリスクは避けて通れないものですが、軽減することはできます。たとえば、一つのかごにすべての卵を入れれば、かごを落とした時にすべての卵を失ってしまいますが、分散して卵を保管していれば、たとえ一つのかごを落としたとしても失うものは一部の卵でしかありません。

これと同じように投資の世界においても、一つの資産に投資を集中させることは全財産を失うという大変なリスクが伴います。このリスクを軽減させるには、卵を分散させたように投資資産もリスクの異なる資産に分散させる必要があるというわけです。このような投資手法はポートフォリオと呼ばれています。このポートフォリオを利用することにより、リスクを最小限に、そしてリターンを最大限にすることのできる組み合わせを見出すことができるのです。

この最も望ましい組み合わせを、ファイナンスでは効率的ポートフォリオと呼んでいます。また効率的ポートフォリオの中でも、マーケットと同じリスクを伴うポートフォリオはマーケットポートフォリオと呼ばれ、国債などの無リスク資産と組み合わせることにより、さらに低いリスクでより高い利回りを期待できるようになります。

1 リスク資産の利回りとは？

運用成績が絶好調で有頂天になる後輩。リスクは避けられないと釘をさす先輩。後輩はリスクを軽減する手法を学び、含み益を拡大することができるのか？

後輩　先輩！　運のいい時は何をやってもいい結果が出るんですね！

先輩　どうした？　道端に100円でも落ちてたか？

後輩　そんな端金の話じゃないんですよ。今、株式市場が絶好調でしょう。投資していたミニ株も含み損を脱して、今や莫大な含み益を抱えるまでになったんですよ。

先輩　「絶好調！」なんて、往年の中畑清みたいなこと言ってんな。お前の運勢からいって、そんな幸運は長続きしないぞ。

後輩　何、「細木数子のズバリ言うわよ！」みたいなこと言ってんですか？　こんな株価の好調な時期に損なんてするわけないじゃないですか。先輩は縁起の悪いことしか言わないんだから……。

先輩　あのねぇ、投資に絶対っていう言葉はないんだよ。投資なんていうのは運がよければ儲けることができるし、運が悪ければ損をするはめになる。株なんていうのは投資した

としても利回りが確定しなくて、どのくらい利息を受け取れるのかが予測不能な資産だから、リスク資産って呼ばれてるんだよ。

後輩　リスク資産ですか？　そういえば僕のミニ株も、一時期は投資した額を割り込んで損失が発生してましたよね。今じゃあ株式市場が好調だから含み益が出てるけど、リスク資産だからこれから先もどうなるかわからないってことですか。でも投資家っていうのは、どのような基準で株式投資を行うんですかね？

先輩　そうだな。リスク資産では確実な利回りはわからないから利回りの期待値を求めるんだ。

後輩　利回りの期待値？　なんですか、それは……。

先輩　まあ、投資の素人のお前にわかりやすく説明すると、投資の利回りの期待値というのは、どれくらいの利回りがどれくらいの確率で発生するかを推測して、利回りと確率の積を足していくんだ。

後輩　利回りと確率の積を足していくって、ど

中畑清
1975年ドラフト3位で読売巨人軍に入団後、4年目に三塁手のレギュラーを獲得。1980年代のジャイアンツの中心選手であり、その明るい性格からムードメーカー的な役割も果たした。1989年に惜しまれながらも現役からの引退を発表。その後は野球解説者としての道を歩むも、2004年のアテネオリンピックでは脳梗塞に倒れた長嶋監督の代役として日本チームを指揮。見事銅メダルに導く。

細木数子のズバリ言うわよ！
2004年8月からTBS系で放映されているバラエティ番組。細木数子を始め、ジャニーズタレントのタッキーこと滝沢秀明やお笑いのくりぃむしちゅーの2人が脇を固める。芸能人の運命鑑定を行うコーナーが人気を博し、高視聴率を維持する。

ういうことですか?

先輩　たとえばだよ。5%の利回りが実現できる確率が20%、10%の利回りが実現できる確率が60%、15%の利回りが実現できる確率が20%の投資案件があったとしよう。この時の期待利回りはそれぞれの利回りと確率の積の和、つまり5%×0・2と10%×0・6と15%×0・2の総和、10%になるってわけだ。

後輩　あくまでも予測ですけど、そのように期待される利回りと確率を算出して、期待する利回りを求めることができるんですね。たとえば、投資案件がいくつかあって予算の関係で一つに決めなきゃいけない時は、予測利回りを比べてみるといいんですね。

先輩　そうだな。株式などのリスク資産に投資する場合は投資リスクを数値化することが重要になってくるんだ。数値化することによって、複数の投資案件があればどの案件が自分にとって最適な投資なのかを判断することができるからな。ただ、予測利回りだけじゃ、リスクの判断材料としては十分じゃないんだ。たとえばさっきの例で言うと、5%の利回りが30%、10%が40%、15%が30%でも、期待利回りは10%になるだろう。だから、実現される利回りの確率が違ったとしても期待利回りは同じになる。そうすると、どちらがリスクが高いのかは判断できないからな。

後輩　あれっ?　本当だ!　先輩が今言ったパターンだと、実現する確率は違っているのに期待利回りが同じになっちゃいますよね。そんな場合はどうすればいいんですか？

先輩　ああ、投資においては、予測される利回りの分布の標準偏差が投資のリスクとなるんだ。だから複数の投資案件のリスクを比べるときには、この標準偏差を比べればいいんだよ。

後輩　「予測される利回りの分布の標準偏差」って、やけに難しい日本語を使いますね。素人にはもっとわかりやすい言葉を使って説明してくださいよ。

先輩　おっ、ちょっと高校の数学の先生のようなことを言っちゃったかな？　まあ、高校で数学の成績が惨憺たる有様だったお前には高度な話すぎたな。

後輩　せっ、先輩、どうして僕の高校時代の数学の成績を知っているんですか!?

先輩　まあ、お前の会話レベルだと、数字に弱いことは明らかだからな。まあ、それはさておき、標準偏差っていうのは統計データのバラつきを表す数値なんだ。結論から先に言うと、この統計データのバラつきが大きいほどリスクも高くなるってわけさ。データにバラつきがあるってことは、実際に期待した結果が起こる確率が低くなるってことだからな。実際に計算する場合は期待利回りの実現確率に、各期待利回りと平均値の差を2乗したものを掛け合わせて足していったものの平方根が標準偏差になるんだ。

後輩　えーと、先輩。今、中国語をしゃべってます？　もっと具体的に説明してもらえないと、平方根だの標準偏差だのという言葉にはアレルギー反応が出てしまうんですけど。

先輩　**そうか、数学オンチのお前じゃ無理もないな。それじゃさっきの具体例をあげると、期待利回りの平均値は5％、10％、15％を足して3で割ると10％だろう。だから標準偏差は計算すると0・032になるんだ。**

後輩　標準偏差っていうのは、そのように数値のバラつきを数値に交換する指標なんですね。**トシちゃん**の「君にとってもバラ、バラという感じ」ですね。

先輩　**今頃トシちゃんかよっ！　今たのきんトリオって言っても、若いやつはほとんど知らないぞ。もっと若者受けしそうなKAT―TUNとかの話題を盛り込め。そうすれば合コン受けするから。えっと、ところで何の話だっけ？　おう、そうだ、後の事例の標準偏差だったな。後の事例の標準偏差は計算すると0・039になるな。**

後輩　ということは、期待利回りは10％で同じですけど、前者と後者の標準偏差を比べると0・032と0・039で後者の方が値が大きいから利回りのバラつきが大きいってことになって、リスクがより高い投資って結論づけることができるんですね。

先輩　**そう。だから複数の投資案件がある時は、期待利回りを計算した上でさらに利回りのバラつきを標準偏差で求めてリスクを比べる必要があるんだぜ。**

後輩　僕なんて単純だから、投資なんていくら儲けるかしか頭になくて、背後にあるリスクなんてあまり気にかけないじゃないですか。でも、リターンばかりに気をとられるんじゃなくて、リスクにも十分注意する必要があるってことですね。

標準偏差、0.032、0.039
計算式は226ページ参照。

トシちゃん
1979年にTBS系ドラマ『3年B組金八先生』の生徒役でデビューするや、お茶の間の人気者に。翌年には『哀愁でいと』で歌手デビュー、立て続けにヒットを飛ばす。オリコンシングルTOP10入り39作は当時の歴代1位の記録となる。

たのきんトリオ
1979年にTBS系ドラマ『3年B組金八先生』の生徒役でデビューした田原俊彦、野村義男、近藤真彦の苗字の最初の漢字を1字ずつとって名づけられたグループ。ジャニーズ事務所のアイドルグループとして結成される。

KAT-TUN
2001年に結成されたジャニーズ事務所所属の6人組のアイドルグループ。6人のメンバー亀梨和也、赤西仁、田中聖、田口淳之介、上田竜也、中丸雄一の苗字のイニシャルを取ってKAT-TUNと命名される。2006年にCDデビューするや、デビュー曲の『Real Face』はミリオンセラーを達成。

2 投資リスクを分散させるには？――ポートフォリオ理論

株式運用で一進一退が続く後輩。先輩は相変わらず1銘柄での運用が原因と忠告する。後輩は株式運用の新たなテクニックを伝授されるが、果たして結果はいかに……。

先輩　よう。珍しく新聞の株式欄なんかに目を通してどうした？

後輩　先輩。このところ株の値動きが鈍いんで、もっと儲けられそうな株を今物色していたところなんです。

先輩　そういえば、お前は以前1銘柄に投資していたよな。あれから投資を分散したのか？

後輩　いえいえ、まだ一つの銘柄に投資し続けていますが、何か問題でも？

先輩　「何か問題でも？」じゃないだろう。一つの銘柄に投資するのは危険だから分散しろって、あれほど言ったのに。株式投資の世界じゃ分散投資はポートフォリオって言って、誰もが行う常識的な方法なんだぜ。

後輩　ポークフィレオ？　なんだかうまそうな名前ですね。思わずツバを飲んじゃいましたよ。

先輩　あのねぇ、ポークフィレオじゃなくてポートフォリオ！　全くお前はすぐに食い物を連想するんだから……。

後輩　ポートフォリオですか？　でも、そんなにたくさんの銘柄に投資することでリスクを少なくすることができるんですか？

先輩　まあ、何も考えずに銘柄を組み合わせるだけでもいくらかはリスクを軽減できるし、うまく行けば全くリスクをなくすことだって可能なんだ。

後輩　えっ⁉　全くリスクをなくすこともできるんですか？　ぜひともそんな方法を伝授していただきたいですね。

先輩　「ヤだねったら、ヤだね」。もちろん何か見返りがあれば検討しないでもないがな。

後輩　先輩、何、**氷川きよし**になりきっているんですか？　大体、先輩みたいなエリートがそういう賄賂を要求するような言動は控えた方がいいですよ。

先輩　なんかうまく乗せられてるようだけど、まあいいか。じゃあ、お前でも理解できるように簡単な事例でポートフォリオを説明していくか。たとえば、新興市場に上場しているITベンチャーと東証1部上場の伝統企業の株式に投資するとしよう。ここでI

「ヤだねったら、ヤだね」
氷川きよしの歌う『箱根八里の半次郎』の中の一節。この「ヤだねったら、ヤだね」というフレーズは2001年流行語大賞にノミネートされた。

氷川きよし
2000年、演歌歌手としてデビュー。芸名は北野武が名づけ親であることも有名。デビュー曲の『箱根八里の半次郎』は『日本レコード大賞・最優秀新人賞』『日本有線大賞・最優秀新人賞』『全日本有線放送大賞・最優秀新人賞』など数々の賞を総なめにした。

Tベンチャーの株式は好況時は30%、普通時は15%、不況時はマイナス10%の利回りを期待できるとしよう。一方で伝統企業の場合は、好況時は10%、普通時は5%、不況時は0%の期待利回りとする。過去のデータを分析した結果、景気の確率はそれぞれ好況30%、普通40%、不況30%だったとしたら、期待する利回りはどのように求められる?

後輩　そうですね。期待利回りは計算すると、ITベンチャーの場合は**12%**、伝統企業の方は**5%**になりますね。

先輩　**そうだな。だからこの2銘柄を組み合わせたポートフォリオは、ITベンチャーに100%投資した場合は期待利回り12%。伝統企業に100%投資した場合は期待利回り5%。組み合わせた場合はそれらの中間の期待利回りになるんだ。**

後輩　組み合わせた場合は、どんな期待利回りが実現できるんですか?

先輩　**ああ、たとえばITベンチャー企業75%、50%、25%でそれぞれの期待利回りを計算してみようか。まずは75%の場合は10・25%。50%の場合は8・5%、25%の場合は6・75%っていうわけだ。**

後輩　でもこうしてみると、ITベンチャーに100%投資した場合が、期待利回りが最も高く12%でしょう。先輩の言うようにポートフォリオなんて組まなくてもいいように感じますけど。

先輩　**あのねぇ、だからお前は単細胞っていうの。お前、キャッチセールスとかに簡単に引っかかってしまうタイプだろう。デート商法なんか格好のターゲットだよな。い**

いか、前にも言っただろう、期待利回りとリスクは違うって。たとえばＩＴベンチャーに投資して不況になったらどうするんだ、お前？

後輩　あっ、そうか。ＩＴベンチャーは不況時はマイナス10％の予測利回りだから損失が出ちゃうんですね。

先輩　そうだろう。投資のリスクはあくまでも期待利回りのバラつき、標準偏差で測る必要があるんだ。ただ、ポートフォリオで気をつけなきゃいけないのは、ポートフォリオのリスクっていうのはただ単に構成される比率で、加重平均したものにはならないってことだ。

キャッチセールス
街頭などでアンケートなどの名目で声を掛け、相手が話に乗ってきたら営業所などに同行させて高額商品の購入を勧める悪徳商法。

デート商法
出会い系サイトや電話、E-mailなどを介して異性の販売員が接触し、相手と直接会うことにより恋愛関係に期待を持たせ、自分の仕事である宝石や毛皮などの高額商品の購入協力を依頼する。頼まれた相手は高額の商品を、ローンを組んで購入させられる悪徳商法の一つ。

12%
（30%×30%）＋（15%×40%）＋（−10%×30%）＝12%

5%
（10%×30%）＋（5%×40%）＋（0%×30%）＝5%

10.25%
（12%×75%）＋（5%×25%）＝10.25%

8.5%
（12%×50%）＋（5%×50%）＝8.5%

6.75%
（12%×25%）＋（5%×75%）＝6.75%

後輩　と言いますと？

先輩　**ポートフォリオの構成株式っていうのは同じ値動きをするとは限らないだろう。たとえば、ベンチャー企業の株が値上がりした時に伝統企業の株が値下がりすることもあるし、その逆もありえる。だから、ポートフォリオのリスクを測る場合には相関係数と呼ばれる数値が用いられるんだ。**

後輩　相関係数？　なんだかややこしくなってきましたね。

先輩　**相関係数っていうのは文字通り、ポートフォリオを構成する株式の関係を表した数字なんだけど、プラス1からマイナス1までの値をとるんだ。**

後輩　その数字にはどんな意味があるんですか？

先輩　**たとえば相関係数がプラス1の場合は、ポートフォリオに含まれる株式は同じ値動きになる。つまり、一つの株が値上がりすればポートフォリオに含まれるすべての株が値上がりするし、逆に一つの株が値下がりすればすべての株が同じように値下がりする。だから、この場合はポートフォリオのリスクは単なる加重平均で求められるんだ。それから相関係数が0の場合は、ポートフォリオを構成する株式はバラバラの値動きを示して、関連する値動きは全く見受けられないし、マイナス1の場合は正反対の値動きをすることになる。ここで相関係数がマイナス1の株式のポートフォリオを組んだ場合、ある株式が値下がりしても、他の株式が反対に値上がりするので、組み合わせによっては全くリスクのない投資が可能になるってわけさ。**

後輩　そうか。相関係数がマイナス1ってことは全く逆の値動きをする株式の組み合わせだから、たとえば一方が100円値上がりしたら、もう一方が100円値下がりするってことだから、値動きに関するリスクをなくすってことですもんね。そう考えると僕なんてリスクは極力避けたい派だから、相関係数がマイナス1のポートフォリオを組めばいいわけですね。

先輩　相関係数がプラス1以外は、ポートフォリオを組むことによってリスクを軽減することができるんだ。だから決して一つの銘柄に集中することなく分散することが重要だってことが理解できただろう。

3 リスクとは？——避けられるリスクと避けられないリスク

結婚相手も数多くの候補でポートフォリオを組めばいいんだ
よし!! がんばるぞ!!

理論的にリスクをゼロにするテクニックを教わり、理想の株式運用を目指す後輩。ところが現実には避けられないリスクが存在することを先輩から教えられる……。

先輩 **おいおい、またまた目を皿のようにして株式欄に見入ってどうした？　ポートフォリオは組めたのか？**

後輩 先輩が相関係数がマイナス1の株式を探せばリスクがゼロになるって言うから、必死でそんな株がないか探しているところなんです。

先輩 **まあ、そんな組み合わせは理論上可能ってことで、実際にはまず見つからんだろうな。**

後輩 そんな無責任な。

先輩 **考えてもみろ。一瞬ぐらいなら全く逆の値動きをする株もあるかもしれないけど、常に全く逆の値動きをする株など考えただけでも存在しないことがわかるだろう。**

後輩 そういえばそうですね。そんな組み合わせなんて、先輩と**あやや**が付き合うってことと同じくらい可能性が低いってことですね。

先輩 **あのね。俺とあややが付き合う可能性はゼロってことはないだろう。この速水もこ**

みちばりの美貌と孫正義ばりのビジネスセンスを兼ね備えたビジネスパーソンなんて、そうはいないぞ。あややも俺のことを知ったらイチコロだよな。

後輩　この前も一緒に合コンに行って誰一人女の子をモノにできなかった人が、速水もこみちの容姿と孫正義の才能なわけないでしょう？

先輩　**共にいい思いのできなかったお前にだけは言われたくないね。まあ、そんな話は置いといて、ポートフォリオで全くリスクをゼロにすることができれば、俺はこんなところで働かずにノーベル賞でも取ってるよ。**

後輩　そうなんですか？　それじゃあ、リスクを最小にするにはどうすればいいんですか？

先輩　**ポートフォリオに数多くの種類を増やしていけばいいんだよ。**

後輩　それでもリスクは最小にできるけど、ゼロにはできないってことですね。

先輩　**ああ。たとえば、1社の株式だけだったらその会社の業績や業界の動向によって株価**

あやや
松浦亜弥。2001年『ドッキドキ！ LOVEメール』でデビュー。トップアイドルの仲間入りを果たす。デビュー以降、歌を初め、ドラマや映画、CM、ラジオなど多方面で活躍中。

速水もこみち
2002年テレビ朝日系のドラマ『逮捕しちゃうぞ』でデビュー。2005年の日本テレビ系ドラマ『ごくせん』で大ブレーク。テレビやCMで人気者となる。186cmという高身長と甘いマスクで多くの女性ファンを魅了する。

孫正義
通信大手ソフトバンクグループの創業者。大学在学中に音声装置付きの多国語翻訳機の試作機を開発して大手企業に1億円で販売。その資金を元手にアメリカで会社経営を行うが、大学卒業と同時に日本に帰国。アメリカの企業を売却した資金でソフトバンクグループの前身である日本ソフトバンクを設立。2006年には携帯電話大手のボーダフォンを1兆7500億円で買収し、NTTドコモを追撃する体制を整える。

は大きく左右されるだろう。

後輩　そうですね。この前のライブドア事件の時は、ライブドアの株を持っていた人はホリエモンの逮捕で一気に株価の下落に見舞われましたし、同じIT関連株も一時的にしろかなり売り込まれましたからね。

先輩　ということはライブドアだけじゃなく、数多くの銘柄に投資するポートフォリオを組んでいたとしたらどうなる？

後輩　やはりライブドアの株については損害は免れませんけど、他の株についてはライブドアほど下落してないし、ダメージは少なくなると思います。

先輩　だよな。だからポートフォリオに多くの種類を追加すればするほど、個別の銘柄の突発した事情による株価の下落の影響、つまりリスクを低くすることができるんだ。ただ、たとえば好景気によって相場が上昇したり、金利が上昇して相場が下落したり、個別銘柄の要因ではなく、相場全体に影響を与える変動リスクはどうしても避けることはできないんだ。

後輩　そうか。僕のようなスーパースターがいくら一人で頑張っても会社の業績は景気に左右されているのと同じで、ポートフォリオも個別の銘柄だけでなく景気や金利など外部環境に多大な影響を受けるから、そのリスクはいくらポートフォリオを組んでも改善できないってことですね。

先輩　よう、Mr.チャップリン！　お前はスーパースターっていうよりは完璧に歯車だよ。しかもかなり質の悪い、すぐ壊れてしまうような……。

後輩　チャップリンて何なんですか？　それに質の悪い歯車なんて失礼な！

先輩　わりぃわりぃ、いくら相手がお前でも、ちょっと言いすぎたか。まあ、チャップリンっていうのは昔の喜劇王で、サラリーマンが会社の歯車として働く姿を風刺した映画『モダンタイムス』なんかで有名なんだ。昔のお笑い芸人はみんなチャップリンを目指していたっていうくらい有名なコメディアンなんだぞ。

後輩　そうか。今でいう**ビートたけし**みたいな存在なんですね。

先輩　そうだな。それで何の話をしてたんだっけ？

後輩　もう先輩、いやだなー。老化現象がかなり進行していますよ。さっき話していたことも忘れちゃうなんて。ポートフォリオは構成する種類を増やすことによってリスクを減らすことができるけど、景気や金利などの外部変動リスクは軽減できないって話してたんじゃないですか。

先輩　おお、そうだった。ポートフォリオは運用

ノーベル賞
ダイナマイトなどの発明で巨万の富を築いたアルフレッド・ノーベルの遺言に基づき創設された世界的な権威を誇る賞。物理学賞、化学賞、生理学・医学賞、文学賞、平和賞、経済学賞の6部門からなり、毎年ノーベルの命日である12月10日に授賞式が行われる。

チャップリン
映画の都ハリウッドで、映画初期の俳優、脚本家、監督としてマルチな才能を発揮。代表作に、資本主義社会の中で人間の尊厳が失われた様を、機械の一部分となって働く労働者の姿に重ねて描いた『モダンタイムス』や、金のために殺人を続ける男がついに逮捕され死刑台に送られるまでの顛末を描く『殺人狂時代』などがある。

する銘柄を一つ二つと増やしていくと最初は劇的にリスクを減らしていくことができるけど、ある一定の銘柄数以上になるとリスクはほとんど減少しなくなるんだ。このように銘柄を増やすことによって軽減できるリスクは、個別リスクとかユニークリスクと呼ばれている。

後輩　銘柄を増やしていくことによって1銘柄当たりの投資額は減少していくけど、ある程度まで1件当たりの投資額が小さくなれば、個別の銘柄の影響は極端に小さくなっていくってことですね。たとえば、1銘柄に100万円投資する場合は個別銘柄の変動要因によって運用実績が左右されるけど、100銘柄に1万円ずつだったら、たとえ1銘柄に突発的な事件が起きても、ポートフォリオ全体に与える影響は少なくなりますもんね。

先輩　ただ、前にも言ったように、いくらポートフォリオで運用する銘柄を増やしていっても、景気や金利などの相場全体に影響を与える変動リスクは、拭い去ることはできないんだ。このようにどんなに努力しても外部要因で避けられないリスクは、市場リスクとかマーケットリスクと呼ばれるんだ。

後輩　ということは、いくら理想のポートフォリオを組んで個別リスクを低くできたとしても、相場全体の変動に伴う市場リスクはポートフォリオで低くすることはできないんですね。

ビートたけし
司会者、お笑いタレント、俳優、映画監督、大学教授などマルチな才能を発揮するタレント。1980年代初頭の漫才ブームに乗り、相方ビートきよしと組んだツービートでブレーク。漫才ブームが去った後も、俳優、映画監督として活躍。

ユニークリスク
金融資産の種類を増やしていくことにより、一つの資産で運用した時に比べ、損失のリスクを低減させていくことが可能となる。このように運用する資産の種類を増やし、分散することによって減らすことのできるリスクがユニークリスク、もしくはアンシステマティックリスクと呼ばれる。

マーケットリスク
いくら資産を分散投資しても、経済環境など外的な要因で発生するリスクをなくすことは不可能である。このような分散投資においても避けることのできないリスクはマーケットリスク、もしくはシステマティックリスクと呼ばれる。

4 株式運用の利益を極大化させるには？——効率的フロンティア

株式運用のリスクに尻込みする後輩。先輩は同じリターンでも最もリスクの低い銘柄の組み合わせを見つけ出すファイナンスの秘術を披露する。

後輩　先輩、どうしても消し去ることのできないリスクがあることはわかりました。ただ極力リスクを減らすには、多くの銘柄をポートフォリオの中に組み込めばいいということでしたけど、どういう組み合わせがいいんですかね？

先輩　そうだな。それについては効率的フロンティアを知る必要がある。

後輩　効率的フロンティア？　なんだかその言葉の響きは、**ゴールドラッシュ**のフロンティアスピリッツみたいでワクワクしてきちゃいますね。

先輩　まあ、フロンティアスピリッツとは全く関係ないけどな。簡単に説明すると、効率的フロンティアっていうのは最もメリットの大きい投資の組み合わせを実現するゴールデンシェアを示したものなんだ。

後輩　やっぱりゴールドつながりじゃないですか。効率的フロンティアではやっぱりゴールドラッシュ時のカリフォルニアのように、ざっくざくお金が稼げるんでしょうね。Welcome to the Hotel California～♪なんて言ってね。

先輩　**おいおい、ゴールデンシェアもわかってないのにイーグルスの〝Hotel California〟で乗ってんじゃないよ！　それじゃあ、効率的フロンティアを、お前にもわかるように図を描いて説明してやろう。まず二つの銘柄でポートフォリオを組んだ場合の投資可能な組み合わせは下図のようになる。この図に注目すると、最もメリットのある組み合わせは弧を描く線上にあるのがわかるだろう。**

後輩　えーと、どれどれ。あっ、ほんとだ。たとえばリスクが最小で、その中で最大の利回りを期待すればポイントAの組み合わせだし、期待利回りが最大で、その中で最小のリスクを実現するのはポイント

ゴールドラッシュ
新しく金の鉱脈が発見された地域へ一攫千金を狙う採掘者が殺到すること。特に1848年、アメリカのカリフォルニアで発見された金の鉱脈目当てに群衆が押し寄せた事例を指す。

イーグルス
1970年にグレン・フライ、ドン・ヘンリー、ランディ・マイズナー、バーニー・リードンの4人によって結成された、70年代を代表するアメリカのカントリーロックバンド。

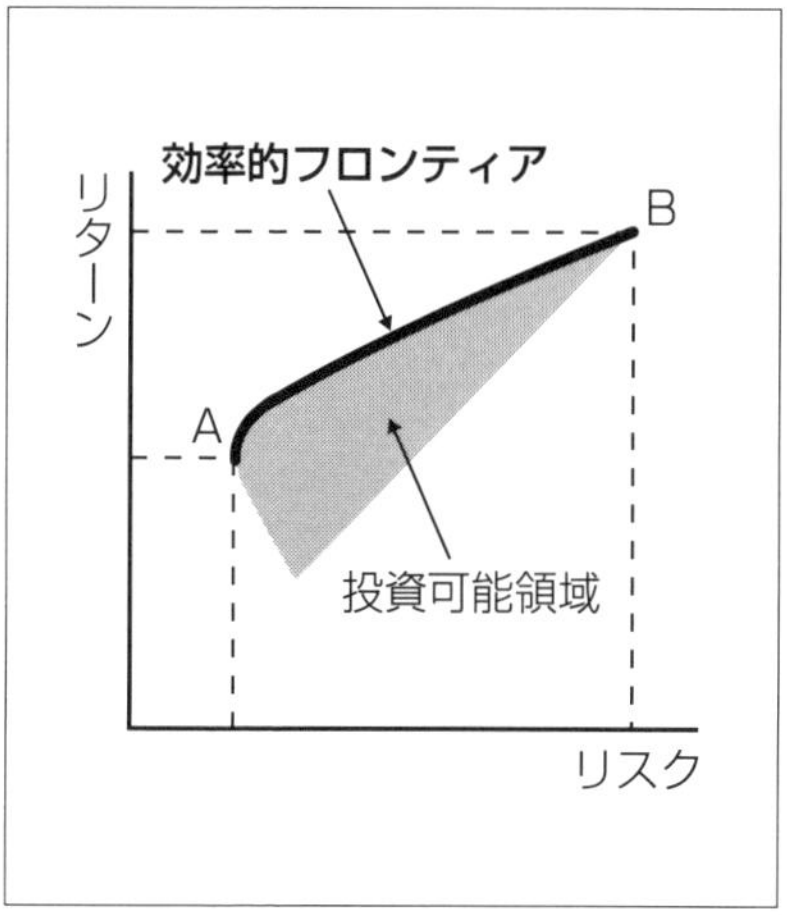

Bですものね。

先輩 **どうだ、これで少しは効率的フロンティアの基本を理解しただろう。そこで応用問題だ。このポートフォリオに一つずつ銘柄を加えていって、n銘柄でポートフォリオを組むと、こんな形の投資可能な組み合わせができるんだ。この場合だと最も効率的な組み合わせはどうなる？**

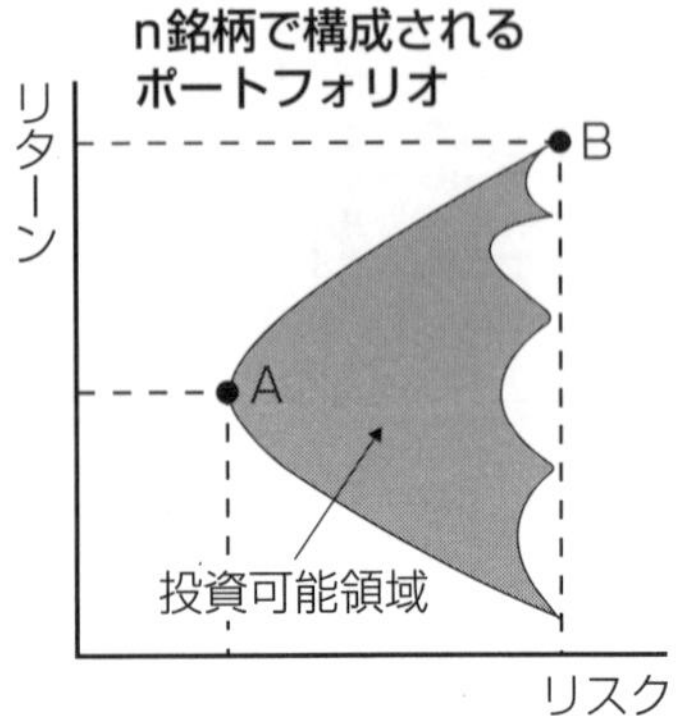

後輩　やっぱり、外側の弧の部分が最も効率的な投資の組み合わせになりますね。

先輩 **ファイナルアンサー？**

後輩　先輩、何、『クイズミリオネア』の**みのもんた**みたいにじっと見つめてるんですか。外側の弧の部分でファイナルアンサーです。

先輩 **ざ〜んねん！　この効率的フロンティアをさらに上回る運用があるんだよな。**

後輩　先輩、またまたそんなご冗談を。効率的フロンティアっていうのは投資可能領域の限界なんですから、それを超えた運用っていうのは、投資の神様と呼ばれた**ウォーレン・バフェット**でも無理でしょう？

先輩 **おっ、お前の口からウォーレン・バフェットが出てくるとは意外だね。**

後輩　僕って結構若く見られますけど耳年増なんですよ。エヘへ……。

先輩　耳年増なんて言葉を使っていること自体がお前の年齢を感じさせるよ。お前にはどうやら年齢詐称疑惑があるな。まさかお前、2浪2留で俺よりも年上なんじゃないのか？　お前のこれまでのギャグにもやたら古さを感じるし……。

後輩　いやだなー。先輩、そんな疑惑の目を向けないでくださいよ。そんなことより今は、効率的フロンティアを超えてさらに有利な運用方法があるかってことでしょう？　ぜひともそんな運用方法があれば教えてくださいよ。

先輩　話をそらすところがますます怪しいな。まあ、この疑惑の追及は後日にして、それじゃあ、効率的フロンティアを超える究極の運用方法をお前に伝授してやろう。

後輩　ぜひともお願いします。

先輩　いいか。今までポートフォリオは将来の利回りが不確定なリスク資産で構成していたよな。

ファイナルアンサー？
フジテレビ系列のクイズ番組『クイズミリオネア』の中で司会のみのもんたがゲスト回答者のクイズの答えを確認する際に発する言葉。この後みのもんたが回答を発表するまでの数十秒間、ゲスト回答者の目を見つめ、時間を引き延ばすのが番組の見所の一つでもある。

みのもんた
『みのもんたの朝ズバッ！』『午後は○○おもいっきりテレビ』など多くの番組でメインキャスターを務める。

ウォーレン・バフェット
アメリカの著名な株式投資家。世界のお金持ちをランク付けしている『フォーブス』誌によれば、バフェット氏の資産は420億ドルにも上り、マイクロソフト創業者ビル・ゲイツ氏について世界第2位の富豪でもある。

後輩　そうですね。株式は常に値動きしているから確定の利回りっていうのが保証されてませんからね。

先輩　ところがだよ。世の中にあるのはリスク資産だけじゃないだろう？

後輩　ということはリスクがゼロで、ある程度の利回りが保証された商品があるってことですね。なんだろう？　郵便局の定額貯金や銀行の定期預金ですかね？　それだと、満期に確実に利息を受け取れますから。

先輩　定額貯金や定期預金は確かに確定利回りが保証されているけど、運営母体が倒産したら元も子もないだろう。だからリスクのない資産とは言えないんだ。そういった意味で本当にリスクの全くない資産ていうのはないんだけど、それに最も近いのが国が発行する債券、つまり国債なんだよ。

後輩　そうか。国債っていうのは決められた利息を受け取ることができるし、国が潰れない限りは償還日に確実に元本も戻ってきますからね。

先輩　そう。そしてこのリスクのない資産をポートフォリオの中に組み込むことで、効率的フロンティアをさらに上回る運用が可能になるってわけさ。

後輩　そう言われたってにわかには信じ難いですね。その仕組みはどうなっているんですか？

先輩　そうだな。じゃあ、図を使って説明しよう。ポートフォリオにリスクのない資産を加えた運用は左図のようになるんだ。まずリスクのない資産は購入段階で期待利回りが確定しているからバラつきのない標準偏差ゼ

資本市場直線
国債などの無リスク資産と、市場のリスク資産をすべて含んでリスクを最小化させたマーケットポートフォリオの組み合わせを表す直線。この直線上のポートフォリオの組み合わせを選択することにより、最小のリスクで最大のリターンを期待することができる。合理的な投資家はリスクに関する感受性の違いにより、この資本市場直線上の組み合わせの運用を選択する。

ロになる。この地点から効率的フロンティアに接する直線、これはファイナンスでは**資本市場直線**と呼ばれるんだけど、この直線がリスクのない資産とリスク資産を合わせたポートフォリオになるんだ。だからこの場合の効率的な運用はこの直線上の組み合わせとなるんだよ。またここで資本市場直線と効率的フロンティアが交わるポイントは、市場全体と同じ構成を持つポートフォリオになるからマーケットポートフォリオって呼ばれているんだけどな。

後輩　えーと、これまでは効率的フロンティア上でリスクが最も少ない運用をする場合はポイントAの組み合わせでしたけど、リスクのない資産をポートフォリオに取り入れると同じリスクでさらに高い利回りが期待できる組み合わせが実現できるようになりますね。でも一体、どの割合

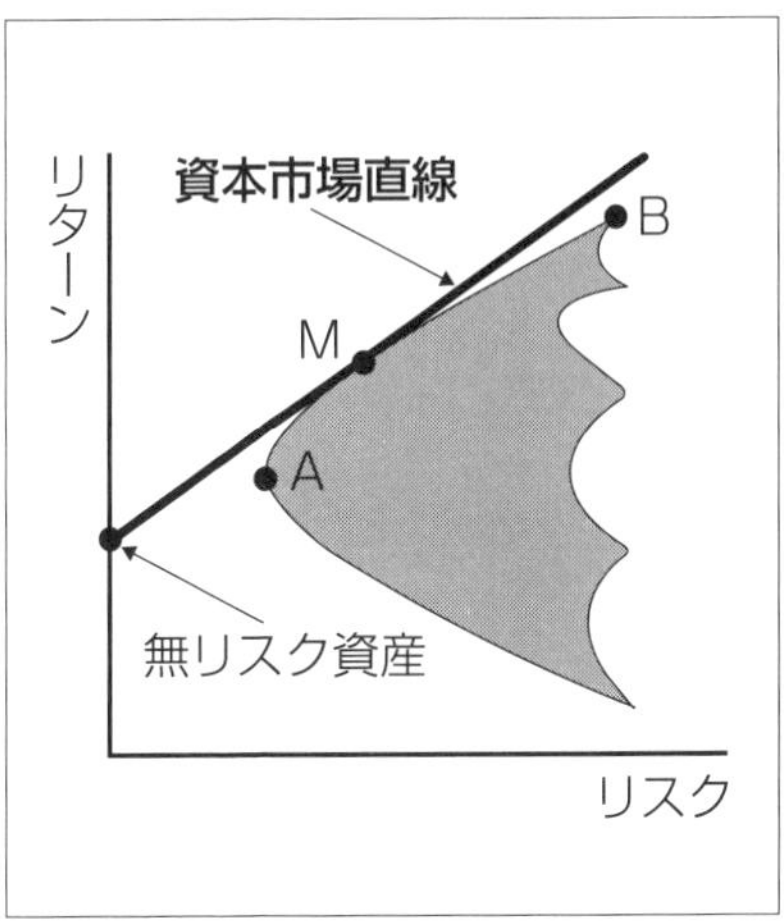

でポートフォリオの組み合わせを決定するのが一番いいんでしょう?

先輩　**それが一概にこの割合っていうのは言えないんだ。というのも、個人個人によってリスクに対する考え方が違うだろう。リスクをとっても高い利回りが実現できる方がいいという俺みたいな人間もいれば、極力リスクは避けて通りたいというお前みたいなのもいる。そういう場合、俺だったら100%リスク資産を組み入れたポートフォリオを組むだろうし、お前だったら100%リスクのない資産を組み入れたポートフォリオを組むだろう。ただ言えることは、合理的な投資家だったら資本市場直線上のポートフォリオの組み合わせを選ぶってことだ。**

後輩　ということは、個人のリスクに対する感度の違いだけで、リスクのない資産をどのくらいの割合で含めるかが決定するということですから、リスク資産のポートフォリオは必ずマーケットポートフォリオとなって、各個人で違いは現れないってことですか?

先輩　**そう。お前が今言った理論はトービンの「分離定理」と呼ばれるもので、無リスク資産がある場合は、有リスク資産の最適な組み合わせの決定は、無リスク資産と有リスク資産の組み合わせと分離して決定できるという高尚な理論なんだぜ。この考え方がモダンポートフォリオ理論の基礎になってるから十分理解する必要があるんだ。**

トービンの「分離定理」
無リスク資産と有リスク資産でポートフォリオを組む場合、個人のリスク感受性によって、無リスク資産と有リスク資産の割合を決定するだけで、有リスク資産の組み合わせは常にマーケットポートフォリオとなり、分離して決定されるという理論。

5 株式運用のリスクとリターンの関係とは？ ——ベータ、CAPM

株価の変動に右往左往する後輩。個別銘柄の値動きに翻弄されるのを見かねた先輩が株の特徴を表す指標を伝えるのだが……。

後輩　ふぅ〜。先輩、株式投資って奥が深いですね。先輩のアドバイス通りポートフォリオを組んで投資したんですが、日経平均株価が上昇しているのに株価が下がったり、逆に平均株価の上昇以上に上昇する株があったりといろいろな値動きを見せているんですよ。全部が平均株価以上に急上昇する銘柄を見つけられればそれに越したことはないんですが。

先輩　そうだな。株っていうのは1銘柄ごとに特徴があって予測できない値動きをしているからな。そんな個別の株の特徴を現すものにベータという指標があるんだ。

後輩　ベータ？　ということはVHSもあるってことですね？

先輩　あのねぇ。それはビデオデッキの種類。しかもベータなんて、かなり昔に生産中止になったから、そんなビデオを知らない若者も多いだろう。大体ファイナンスでいうベータっていうのは個別株式のリスクを表す

ものなんだぜ。

後輩　なんだ。同じベータでもファイナンスのベータは、株の個別銘柄のリスクを表すんですか？

先輩　**そう。市場全体の株価が変化した時に、個別銘柄では市場全体の動きとは違った動きをしているだろう。この動きを、過去の値動きから調べて数値化していったものがベータになるんだ。たとえば、市場全体が1％変動したときに、マイナス1％変動する個別株式のベータはマイナス1、また1％変動する個別株式のベータは1、2％変動する個別株式のベータは2という具合だ。**

後輩　ベータというのは、過去のデータを分析して、市場全体に比べてどのように個別株式が値動きするかを表した数字なんですね。でも、どうしてその数字が個別銘柄のリスクを表すことになるんですか？

先輩　**前にも言っただろう、ファイナンスにおけるリスクは投資収益に対する不確実性だって。つまり、ベータっていうのは市場全体の動きと比べて変動する幅の大きさを表しているんだ。だからプラスの場合は、数値が大きければ大きいほど、またマイナスの場合は、数値が小さければ小さいほど変動幅が大きいってことなんだよ。変動幅が大きいってことは、それだけ結果に対してバラつきがあるから、不確実性が増してリスクが高くなるってことだからな。**

後輩　そうか。そうするとベータが1の個別株式は市場全体と全く同じ動きをするから、市場全体が1％上昇すれば、個別株式も1％上昇するし、市場全体が1％下落すれば、それにつれて個別株式も1%下落するってことですね。ベータが2の場合は変動幅も市場全体の変動幅と比べて上下に2倍になって、確かに不確実性は大きくなりますね。

先輩　**ようやくお前でも理解できたか。**

後輩　ベータが個別銘柄のリスクを表すということは理解できましたけど、一体ベータはどのように利用されるんですか？　ただ単に市場全体のポートフォリオと比べて、リスクが低いとか高いとか判断する材料になるだけなんでしょうか？

先輩　**まあ、一つはお前の言ったようにリスクに対する判断材料になるけど、このベータを使って期待利回りを求めることができるんだ。**

後輩　投資に対してどのくらいのリターンが期待できるかを、ベータを利用して計算することができるってことですね。

先輩　**ああ、そうだ。たとえば、リスクのない資産に投資すると3%のリターンを得ることができるとしようか。そのような条件の元でリスクのある資産に投資する場合、お前ならどのくらいのリターンを期待する？**

後輩　そうですね。やっぱりリスクのある投資ですから、最低でもリスクのない資産の3%以上でないと投資しませんよね。より高いリスクであれば、より高いリターンを求めるのは当然でしょう。

先輩　**普通はそうだよな。そこでだ。株式市場全体の平均利回り、つまりベータが1であるマーケットポートフォリオの利回りから、無リスク資産の利回りを引いて差を求めるんだ。この差はマーケットリスクプレミ**

アムと呼ばれて、投資案件の期待利回りを計算する基礎になるんだ。

後輩　具体的にはどのように計算されるんですか？

先輩　たとえば、無リスク金利が3％、マーケットリスクプレミアムが5％だったとしよう。この場合、ベータが2の株式の期待利回りは、マーケットリスクプレミアムにベータを掛けて無リスク金利を足したものになる。

後輩　そうするとマーケットリスクプレミアムが5％ですから、2倍の10％に無リスク金利の3％を足して13％。つまりこの場合、ベータが2の株式の期待利回りは13％になるってことですね。

先輩　そうだな。この期待利回りを公式にまとめると、投資資産の期待利回り＝マーケットリスクプレミアム×個別資産のベータ＋無

マーケットポートフォリオ
市場全体の株式を各銘柄の時価総額の構成比率に沿って組み込んだ株式運用法。

マーケットリスクプレミアム
国債などの無リスク資産の利回りと市場全体の資産をポートフォリオに含めたマーケットポートフォリオの期待利回りの差。

証券市場線
リスクと期待利回りの関係を表した直線。国債などの無リスク資産の期待利回りを始点として、直線の傾きがマーケットリスクプレミアムの直線となる。

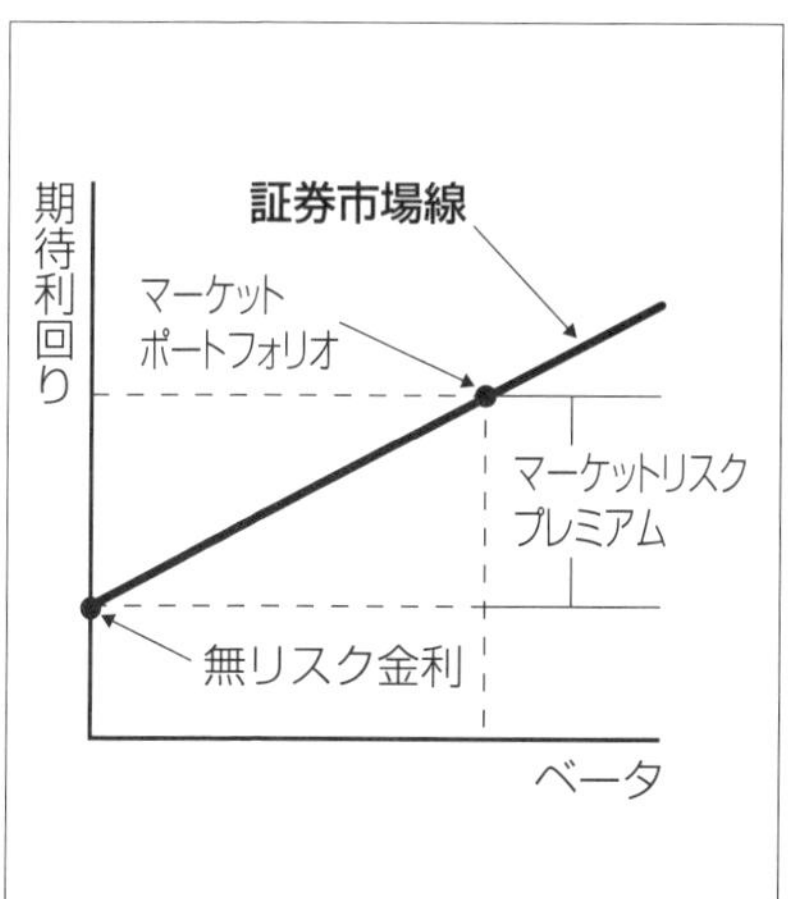

リスク金利、ということになる。これをグラフに描くと、ベータがプラスの場合は右上がりの直線になるだろう。この直線はファイナンスでは**証券市場線**と呼ばれているんだ。

後輩　証券市場線か。この直線は、ベータが大きくなれば期待利回りが大きくなる、つまりリスクが高くなればなるほど高いリターンが期待できるってことを表しているんですね。

先輩　そう。そしてこのような個別資産のベータ、マーケットリスクプレミアム、無リスク金利で個別資産の期待利回りを算出するモデルはCAPMって呼ばれているんだ。

後輩　なんだか、ジャニーズ事務所のアイドルグループのような名前ですね。♪**世界に一つだけのは〜な**♪って。

先輩　それは**SMAP**だろう。このCAPMは投資におけるリターンとリスクの関係を定量化するモデルで、1960年代にスタンフォード大学のシャープ教授やハーバード大学のリントナー教授らによって作り出された、いわば古い理論なんだ。ただ投資家の間では今でも広く利用されているから、しっかりと身につける必要があるんだぞ。

後輩　1960年代ってことは僕が生まれる前だから、かなり年季の入った**フォーリーブス**のようなアイドル、いや、理論ですね。

先輩　お前はCAPMと同じで、1960年代には確実に生まれていたと俺は推測するんだけどな……。

世界に一つだけの花
2003年を代表する曲の一つ。ジャニーズ事務所所属のアイドルグループSMAPが歌い、売上枚数が250万枚を超える大ヒットを記録する。SMAPのメンバーである草彅剛が主演したフジテレビ系のドラマ『僕の生きる道』の主題歌や、第76回選抜高等学校野球大会の開会式の入場行進曲に選ばれた。

SMAP
1988年結成されたジャニーズ事務所所属のアイドルグループ。現在のメンバーはリーダーの中居正広を筆頭に木村拓哉、稲垣吾郎、草彅 剛、香取慎吾の5人。結成から20年近く経った現在でもトップクラスのアイドルタレントとしての地位を維持している。

フォーリーブス
1968年結成されたアイドルグループ。メンバーはおりも政夫、北公次、江木俊夫、青山孝の4人。代表曲は1977年にヒットした『ブルドッグ』。1978年にいったん解散後、2002年に再結成される。

第5章

企業の資金調達

企業が資金調達を行う場合は大きく分けて2通りの手段があります。一つは負債による調達で、もう一つは株式発行による調達です。負債は銀行からの借入れが一般的ですが、それ以外にも取引先から現金による決済を一定期間猶予してもらう買掛金や支払手形なども含まれます。このような負債は返済する期限が定められており、期限までに返済できなければ強制的に返済させられるなど法的拘束力を持っています。一方の株式発行による資金調達については企業は返済義務を負わず、企業が存続する限り返済する必要はありません。

企業にとっては、このような資金調達方法の違いにより調達コストに変化が生じてきます。負債に関しては利息というコストを銀行に支払わなければいけませんし、株式調達に関しては配当や値上がり益というコストを株主に支払わなければいけません。

通常企業はこれら2種類の調達法を組み合わせて資金を調達していますが、トータルのコストは加重平均資本コスト（WACC）として求められます。加重平均資本コストとは、企業が資金調達する際に何%のコストがかかっているかを表す指標として重要なものになります。また、銀行に支払う利息は表面金利を利用できるので比較的簡単に求めることができますが、株主に対する資本コストは投資家の期待利回りを推定する必要があります。株主資本コストの推定には第4章で学んだCAPMを利用して算出したり、将来の配当の現在価値を求める配当割引モデルを利用して算出したりすることが可能です。

1 企業の資金調達方法とは？——負債と株主資本

株式の運用益を元手に
ベンチャー企業を設立する後輩。
高齢者向けポータルサイト「Ｂａｈｏｏ！」。
先輩は資金調達についてアドバイスするが……。

し、師匠
ベンチャー企業を設立した俺に是非教えてください!!
がんばります!

後輩　先輩、長い間お世話になりました。

先輩　どうした？　神妙な顔つきで……わかった、昨日道端で拾ったお菓子を食べて腹でもこわしたか？

後輩　あのですねー、普通道端にお菓子なんて落っこちてないですよ！　それにたとえ落ちてても、今の日本じゃ拾って食べるような人はいないでしょう？

先輩　そうだな。いくら食いしん坊のお前でもそこまでは落ちぶれてないもんな。じゃあ、一体どうしたんだ？

後輩　はい。このたび会社を辞めて独立することにしました。僕も他のＩＴ企業の社長のように、自社株を上場して、お金持ちになることを決意したんです。これからは日本もどんどん高齢化社会になっていくじゃないですか。だから、高齢者にやさしいインターネットポータルサイトなんかを作ったらヒットするんじゃないかと思いまして、高齢者向けポータル「Ｂ ahoo!」をオープンさせることにしたんです。

先輩　**Bahoo!って完全にYahoo!のパクリだな。しかもお金持ちになってみたいって、お前そんな簡単なものじゃないだろう。大体、資金はどうするんだ？**

後輩　ほら、先輩が効率的な株式の運用方法を教えてくれたじゃないですか。それが当たって、今じゃ100万円の資金ができたんですよ！　新会社法も施行されて株式会社設立の制限が大幅に緩和されたことだし、これがチャンスだと思って社長として頑張ることにしました。

先輩　**あのね、何をやるかは知らないけど、100万円ぽっちじゃ3ヶ月ともたないぞ。他に資金調達の目処はたってるのか？**

後輩　いいえ。手持ち資金の範囲内ですぐにジャンジャン稼ごうと思っていますから。

先輩　**何が「ジャンジャン稼ごうと思っていますから」だ。そんなにビジネスは甘くないよ。とにかくお金はビジネスの血液みたいなものだから、絶やさないように安定的に調達する必要があるんだ。**

後輩　でもどう資金調達すればいいんですかね？　専門家の観点からぜひともアドバイスをお願いします。

先輩　**全くこれじゃあ先が思いやられるな。大体資金調達の方法もわからずに会社を起こすなんて、運転の方法を知らずに車を動かすようなもんだ。お前は必ず大きな事故に遭うぞ！**

後輩　いやだな、先輩。そんな脅かさないでくださいよ。これからも先輩のことは社外CFOとして頼りにしていこうと思っているんですから。

先輩 **社外CFOって報酬は出るのか？**

後輩 相談ごとにチューハイ1杯っていうのはどうです？

先輩 **しかし、安いCFOだよな。まあ、いいや。大体企業の資金調達っていうのは2種類あって、負債と株主資本に分類されるんだ。**

後輩 負債と株主資本か。ところでその二つはどういった違いがあるんですか？

先輩 **負債っていうのは、たとえば銀行からの借入れや取引先への買掛金や支払手形など外部の関係者に対する債務のことだ。**

後輩 ということは、負債という資金調達では銀行からお金を借りたり、取引先に原材料の支払いを猶予してもらったりして資金を調達するわけですね。

先輩 **ああ、そうだよ。負債の特徴としては必ず期日に返済しなきゃいけないってことが挙げられるんだ。もし、返済しなけりゃ債務不履行ってことでちょっと面倒なことになるから注意が必要だぞ。**

後輩 そういえば、うちの親父の経営する自転車屋ではよく借金の取り立てや材料費の請求電話がかかってきてました。子供心にも親父が面倒なことにまき込まれてるなって感じたものですよ。今じゃなんとか立ち直っていますけど、そういった負債が返済できなかったら倒産ってことになるんですね。

先輩 **そう。負債っていうのは結局は自分のお金じゃないから、いつかは返さなきゃいけない。そういった意味で負債は外部資本とか他人資本とも呼ばれているんだ。**

後輩 子供時代にそんなトラウマを持っている

僕にとっては、負債による調達はできれば避けて通りたいですね。ところでもう一つの株主資本ていうのはどんなものなんですか？

先輩　**株主資本というのは、企業の所有者である株主が提供する資金のことなんだ。ただ、この資金の中には株式の購入と引き換えに提供される資本金だけじゃなく、事業活動を通じて積み立てられた利益準備金などの法定準備金や剰余金なども含まれる。**

後輩　とすると、僕が100万円を出資して株式会社を設立すれば、その100万円は資本金として株主資本の資金調達ということができるんですね。

先輩　**そういうことになるな。この株主資本の特徴は負債と違って企業に返済義務はなく、無期限で使用することができるんだ。**

後輩　えっ、それじゃあ会社は株主にお金を返す必要はないんですか？　それじゃあ資金を提供した株主は急なお金の入り用の場合、困っちゃいますね。

先輩　**ああ、だから株主がどうしてもお金が必要**

CFO
Chief Financial Officerの略。財務部門の最高責任者であり、キャッシュフローや投資の管理、経営計画策定における数値的裏付けの作成と管理などが主な業務となる。

買掛金
商品仕入れの際に発生する、仕入先に対する未払代金のこと。信用取引の元では、商品を先に受け取って後からその代金を決済する商習慣があり、商品受領から代金決済までタイムラグがある取引が多く行われている。

支払手形
営業取引によって発生する代金を将来の特定の日に支払う旨を約束した有価証券。支払いができない場合は銀行取引が停止される。

な時は、返済ではなく、手持ちの株式を他の誰かに売却して資金を調達することになるな。

後輩 でも、今回の僕のように自分の会社の株式を自分で購入する場合はいいですけど、他人の経営する未公開会社の株式に投資する人は市場で売却もできないし、困ってしまいますね。そんな人は何を目当てに未公開会社の株式に投資するんですかね？

先輩 そうだな。まず、東証1部など市場に上場されている株式はキャピタルゲインと呼ばれる売買益目当ての場合が多いけど、市場に流通していない企業の株だったら配当目当てで投資するってこともあるよな。

後輩 配当っていうのは、会社が毎年生み出す株主に分配する仕組みですからね。言ってみれば銀行に定期預金を預けて利息を毎年もらうようなものってことですか。

先輩 ああ、調達する企業側にすると、負債は期限に返済して、なおかつ利息を支払わなきゃいけない。一方で株主資本は返済期限はないけど、利益が出れば配当を株主に還元しなきゃいけないんだ。

後輩 株主資本は返済しなくていい、企業にとって都合のいい資金と思いきや、配当いかんによっては銀行借入れよりも高くつく調達法になる可能性だってありますね。

先輩 そうだな。負債による調達にしろ、株主資本による調達にしろ、それ相応のコストがかかるってことだ。

ワシは既にビジネスの世界から身を引いたのだ
だからこそ、君のような若者を応援したくなるんだ！
し、師匠ベンチャー企業を設立した俺に是非教えてください!!
がんばります！
よ～し、ではワシの言うことを聞き漏らさないように！
よ～し、それではいくぞ!!
経営のい・ろ・は!!
あっちむいてホイ！
キャ キャ
人の話を聞かずに無邪気にあっちむいてホイしてる!!
ガ～～ン!!

キャピタルゲイン
株式や債券、不動産など保有している金融資産の価値が向上して生じる利益のこと。資産の売却により確定した場合の利益はもちろん、発生しただけで未確定の含み益もキャピタルゲインに含まれる。

やっとのことで多額の資本金を集めることに成功した後輩。勝手に資金を使おうとするが、株主への見返りを考慮しろと諭される。その株主への見返りとは？

後輩　ふぅー。先輩、やっとのことで出資者を募って1000万円の資本金をかき集めることができましたよ。

先輩　おっ、1000万円もよく集めたな。ただ、経営者とすると資本を提供してくれた人に対してそれ相応の見返りを提供することを忘れるなよ。

後輩　見返りって、お中元やお歳暮のことですか？　出資してくれた人にはやっぱり、ビールの詰合せくらいは贈らなきゃいけませんよね。

先輩　何言ってんだ。お前の会社に資金を提供するということは、それ相応の利回りを期待しているってことなんだ。

後輩　でも出資金は銀行預金じゃないですから、利回りもへったくれもないでしょう。

先輩　あのねぇ、出資する方も相応の儲けを期待しているはずだろう。たとえば、万が一お前の会社が10年後に上場するとしようか。投資家とすると、10年後に株式を売却した

資金と10年間で手にした配当金の総額が、最低でも10年定期の利息くらいはないと出資するメリットがないだろう。

後輩　そうですね。10年定期は銀行が潰れない限りは確実に元利金を受け取ることができますけど、ベンチャー企業に対する出資金は返ってくるか定かじゃないですから、リスクを考えると、銀行預金よりも高い期待利回りを実現しないと投資家も資金提供する意味がないですよね。

先輩　ああ、だから投資家が企業に出資するときは機会費用を十分考慮するんだ。

後輩　機械費用？　それはコンピュータなどOA機器にかかる費用のことを言っているんですか？

先輩　それは全くの〝キカイ〟違いだ。俺の言っている〝キカイ〟は英語で言う〝オポチュニティ〟。お前の言っている〝キカイ〟は〝マシーン〟だろ。

後輩　〝キカイ〟？　〝オポチュニティ〟？

先輩　そう。機会費用っていうのはな、あることをすることによって、本来得られたはずの利益を失うことなんだ。

後輩　ということは、今回の場合、投資をすることによって、本来得られたはずの利益を失うことになるんですね。でも一体何を失うんでしょうか？

先輩　まだわからないの？　いいか、投資家にとってはいくつかのチョイスがあるんだ。たとえば1000万円という資金があれば、安全な銀行に預金することもできれば、ベンチャー企業に出資することもできる。

後輩　今回、投資家は安全な銀行に預金することをあきらめて、僕に出資してくれたわけですよね。

先輩　そう。だから投資家はお前の企業に出資することによって、安全に受け取れたであろう銀行預金の利息をあきらめたということだ。つまり、投資家は銀行に預けるよりはお前の企業に出資した方が期待利回りが大きいと判断したから、出資したんだよ。

後輩　そうか。銀行預金利息よりも投資の期待利回りが大きいと判断しなければ出資なんてできないってことか。

先輩　その通り。だからお前もその出資者の期待に応えなければ、株主総会で吊るし上げられて、代表取締役解任なんてことになるから十分注意しろよ。

後輩　先輩、脅かさないでくださいよ。僕の設立した会社なんですから、僕が社長をやらずに誰がやるんですか。

先輩　あまーい！　いくらお前が設立したといっても資金は他の株主が出したんだろう。ということは、お前は結局雇われ経営者。確実に利益を出して配当金を分配できなければ、首が飛ぶのは当然だろう。

後輩　先輩、悪い冗談はやめてくださいよ。

先輩　わりぃ、わりぃ。脅すつもりはないんだけど、経営には原材料費や人件費だけでなく、そのような配当などのコストも念頭に置いとかなきゃいけないってことを言いたかったんだ。

後輩　そうですね。事業を行う際は原材料費や人件費などはコストとして把握していますけど、投資家に対する期待利回りの提供もコストとして認識しておかなきゃいけないんですね。

先輩　ああ、それに加えてまだまだ他のコストも

あるんだぞ。

後輩　えぇー!?　まだ他にも費用がかかるんですか？

先輩　そう。たとえば、資金が足りなければ銀行から資金を調達しなきゃいけないだろう。その時支払う利息も企業にとっては立派なコストになるんだ。このような借入れに対する利息や株式に対する配当や値上がり益などのコストを合わせて資本コストと呼んでいるんだ。

後輩　資本コストか。企業の経営者はこのような資本コストを含めて、利益が十分出るような経営を行っていかなくちゃいけないってことですね。

3 企業の資金調達コストを算出するには？——加重平均資本コスト（WACC）

事業計画書を書かなきゃ…!!
えへへ
カチ
…愛ちゃん君に会えない日が続いて、僕は…
カチ
バカ…。

事業が好調に進むBahoo！次々に新たな事業を計画するが、いくつかの事業計画の収益率が低いことが問題に！果たしてこの問題をどう解決していくのか？

後輩　先輩、ようやく事業も軌道に乗ってきて、今度また新たなプロジェクトを開始することになりそうです。今、事業計画を立てているんですが、これまた成功しそうなんですよね。

先輩　おお、そうか。よかったな。ところで、そのプロジェクトの収益率はどのくらいなんだ。

後輩　そうですね。最終利回りで5％は確保できると思うんですが。

先輩　5％か。ちょっと低いな。ちなみにお前の会社のWACCはどのくらいだ？

後輩　ワック？　なんですか、それは？　わっくわくさせてよ～♪て、**ミポリン**の歌なら知ってますけど。

先輩　中山美穂の『WAKU WAKUさせて』か。相変わらずお前のギャグは古いね。WACCっていうのはWeighted Average Cost of Capitalの略で、日本語では加重平均資本コストと呼ばれているんだ。

後輩　その果汁100%ジュースみたいなものがプロジェクトとどんな関係があるんですか？

先輩　**果汁100%ジュースじゃないよ。加重平均コスト。簡単に言えば、負債の資本コストと株主資本の資本コストを加重平均した資本コストになる。通常は自社の加重平均資本コストとプロジェクトの収益率を比べて、収益率が上回った時にはじめてゴーサインを出すことができるんだぜ。**

後輩　プロジェクトを検討する時は、加重平均資本コストと収益率を比べる必要があるってことなんですか。

先輩　**そりゃそうだよ。あんまり考えずに経営を行っていると本当にお金を失っちゃうよ。いいか、加重平均資本コストっていうのはその企業が資金を調達する際にかかる割合を示すものだから、加重平均資本コストをハードルレートとしてプロジェクトの選別を行うんだ。**

後輩　そうですね。資金調達はコストがかかるということでしたから、プロジェクトの

ミポリン
歌手であり女優でもある中山美穂の愛称。1985年TBS系テレビドラマ『毎度おさわがせします』で女優デビュー。『C』『生意気』『BE-BOP-HIGHSCHOOL』などの曲をリリースし、歌手としても人気を博しトップアイドルの地位を獲得。2002年にはミュージシャンで小説家の辻仁成と結婚しフランスに移住。

計画段階でそのコストを把握して実質の収益率を知る必要がありますね。ところで理屈はわかりましたけど、実際には加重平均資本コストってどうやって求めればいいんですか？

先輩　**そうだな。わかりやすいように負債の部分と株主資本の部分に分けて加重平均資本コストを求めていこうか。まずは負債の資本コストなんだけど、通常負債にはどんなコストがかかる？**

後輩　たとえば、銀行から融資を受けたとすると利息を払わなきゃいけないですよね。だから、負債の資本コストは利息が5％とするとその5％が資本コストになるんじゃないでしょうか？

先輩　**いいところを突いてるけど、加重平均資本コストを求める際にはもう一ひねり必要なんだ。**

後輩　と、言いますと？

先輩　**ああ、借入金の利息というのは企業の利益から差し引くことができる、つまり損金計上できるから、負債に対する利息が増えれば増えるほど、企業にとって法人税の負担は軽くなるだろう。**

後輩　そうですね。利益を計上している会社であれば、利息は利益から差し引かれますから、その分税金を納めなくてもいいってことですね。

先輩　**だから、負債部分の資本コストは利息の利率に（1－法人税率）を掛け合わせたものになるんだ。**

後輩　そうすると、利息が5％、法人税率が30％だった場合は、負債部分の資本コストは5％×（1－30％）で3・5％になるっていうことですね。

先輩　そう。次は株主資本の資本コストだけど、これは前に学んだＣＡＰＭを元に算出していくんだ。

後輩　ＣＡＰＭって、あのリスクの程度によって期待利回りを算出していくモデルですね。

先輩　ああ、投資家が期待する利回りというのは裏を返せばその企業が負担することを期待されているコストだから、それが株主資本の資本コストになるってことさ。このように負債の資本コストと株主資本の資本コストが求められれば、後は加重平均していくだけなんだ。

後輩　でも先輩ちょっと待ってください。先ほどの負債の時は法人税分だけコストが軽減されるってことでしたけど、今回の株主資本コストの場合は法人税は考慮に入れなくてもいいんですか？

先輩　あのねぇ、株主資本の資本コストって何だ？

後輩　えーと、株主に対する配当金とキャピタルゲインってことでしたよね？

先輩　そうだろう。ということはだよ、その配当金やキャピタルゲインは、企業はどこから払うべきなのかわかっているだろう。

後輩　もちろんですよ。税引き後の当期利益からでしょう。あっ、そうか。配当金やキャピタルゲインなどの株主資本コストは税金を払った後の利益から負担しなきゃいけないんで、いくら増えても損金計上はできず、何ら税務上の恩恵はないってことですね。

先輩　そういうこと。そこで、次に負債と株主資

本の時価を求めて加重平均していけば加重平均資本コストがめでたく算出されるってわけだ。

後輩　先輩、その時価ってなんですか？　銀座のすし屋じゃあるまいし。

先輩　**企業の財務では、帳簿にはその時の取得価格である簿価で記録されているんだ。ところがこの簿価っていうのは、見直さなければ常に一定だから現在の価格と乖離していることがままあるんだよ。**

後輩　そうですね。たとえば、上場企業の場合、常に株価は動いていますから株主資本の部分は簿価では乖離が大きすぎますね。

先輩　**銀行借入れなど負債部分は簿価でもあまり差がないかもしれないけど、株主資本の部分は企業価値に応じて、特に上場企業の場合は日々変動しているから、加重平均資本コストを算出するタイミングに合わせて、その時の株価に発行済み株式数を掛け合わせて時価総額を求めることによって、より正確な加重平均資本コストを求めることができるんだ。たとえば負債コストを5％、負債総額を1億円、法人税率を30％、株主資本コストを8％、時価総額を1億円とすると、加重平均資本コストはどうなる？**

後輩　そうですね。加重平均ですから、負債コスト部分は**1・75％**、株主資本コスト部分は**4％**になりますから、両者を足し合わせて**5・75％**になりますね。この結果、今回のようにプロジェクトの期待収益率が5％で、自社の加重平均資本コストが5・75％であれば、調達費用の方がかさむからプロジェクトは不採用になるわけですね。

先輩　そう。ある程度の収益率が期待できても、自社の調達コストと比べてマイナスであれば、プロジェクトを行えば行うほど収益が悪化するから注意が必要だってことだ。

今日は徹夜で事業計画書を書くぞ!!
どど〜〜ん!
うりゃ〜!!
初年度の目標予算は……
…愛ちゃん、その後お変わりはありませんか?
カチ
カチ
はっ!? いかん!!
ガ〜ン!
…つい愛ちゃんへのラブレターになってしまった!!
事業計画書を書かなきゃ…!!
えへへ
…愛ちゃん君に会えない日が続いて、僕は…
カチ
カチ
バカ…。

WACC
次の公式で求められる。

$$\frac{負債}{(負債+株式資本)}\times 負債のコスト \times (1-法人税率)+\frac{株主資本の時価}{(負債+株式資本)}\times 株主資本の資本コスト$$

今回の場合は $\frac{1億円}{2億円}\times 5\%\times(1-30\%)+\frac{1億円}{2億円}\times 8\%$

$=50\%\times 5\%\times 70\%+50\%\times 8\%$

$=1.75\%+4\%$

$=5.75\%$

4 株主資本コストを算定するには？

先輩のアドバイスでコスト意識を増した後輩。次は株主への投資の見返りを適正に判断するテクニックを身につけていく。果たしてその方法とは？

後輩　先輩、加重平均資本コストで、株主資本コストはCAPMで算出するってことでしたよね。前回は仮に決めた株主資本コストで加重平均資本コストを算出しましたけど、それじゃあ正確な加重平均資本コストは出ないじゃないですか。ちゃんとした算出方法を教えていただけませんか？

先輩　おっ、やっぱり気づいたか？　単純なお前のことだから、いつも8％で計算するとにらんでいたが、かなり成長したな。

後輩　当然のことですよ。経営はちゃんとした数字に基づく判断を行わなきゃ、社長と言えないでしょう。

先輩　にわか社長もしっかりしてきたものですな。その調子でどんどん成長してもらいたいものだね。

後輩　先輩、前置きはそのくらいで結構ですから、早く株主資本コストを算出する方法を教えてくださいよ。

先輩 **株主資本コストの算出方法**だったよな。**加重平均資本コストの計算の時にも伝えたけど、株主資本コストっていうのは投資家の期待利回りの裏返しなんだ。投資家は他の投資機会をあきらめて、お前の会社に投資するわけだろう。だから、お前の会社のリスクに応じたリターンを期待するし、お前はその期待に応える利回りを提供しなければならない。だから、投資家の期待利回りを算出するCAPMで株主資本コストを求めることができるんだ。**

後輩 投資家の機会費用でしたよね。投資家はいろんな投資の選択肢を持っているけど、リスクのない金融商品に投資する機会をあきらめるのだから、それ以上のリターンを確保しなければ投資する意味がないってことで。

先輩 **そう。だから、投資家はまず全くリスクのない資産に投資した時の収益に個別企業ごとのリスクに応じた上乗せの収益を期待するのは当然のことだよな。**

後輩 たとえばリスクのない資産の利回りが3%、それに個別企業のリスクに応じた利回りが5%だとすると、両者を足して8%でなければ投資家は投資しないってことですね。ということは、株主資本コスト＝無リスク資産の収益率＋個別企業のリスクプレミアム、という公式で求められるのか。

先輩 **ああ、ここで無リスク資産の収益率は、一般的に長期の国債の金利が指標として利用されるんだ。**

後輩 個別企業のリスクプレミアムはどうなるんですか？

先輩 **個別企業のリスクプレミアムについては、マーケットポートフォリオと無リスク資産の収益率、個別株式のベータから求めることができただろう。**

後輩 マーケットポートフォリオっていうのは市場全体の株式の運用利回りでしたし、ベータっていうのは市場全体に比べてどれだけ個別企業の株式が変動しているかという指標でしたね。えーとそれから、マーケットポートフォリオから無リスク資産の利回りを引いたものがマーケットリスクプレミアムで、そのマーケットリスクプレミアムに個別株式のベータを掛け合わせたものが個別株式のリスクプレミアムになるということかな。

先輩 **そう。通常、マーケットポートフォリオの期待収益率は、東証1部であれば市場全体の値動きを示すＴＯＰＩＸなどの指標を用いて長期的な平均値をはじき出して使うことができるし、ベータについては厳密に言えば将来の予測値を使用しなきゃいけないけど、実務では過去60ヶ月ほどの個別銘柄の収益率を分析して、それをＴＯＰＩＸと比べて計算したヒストリカルベータが利用されているんだ。**

後輩 そのようにＴＯＰＩＸやヒストリカルベータを利用することで、より現実に即した株主資本コストが求められるっていうことですね。

先輩 **ああ、たとえば、実際にデータを分析して長期国債の金利が2％、ＴＯＰＩＸの期待収益率の長期的な平均値が4％、お前の企業のヒストリカルベータが3だったとしようか。そうすると、株主資本の資本コスト**

はどのようにして求められる？

後輩　そうですね。株主資本コストは長期国債の金利に個別株式のリスクプレミアムを加えたものでしょう。個別株式のリスクプレミアムは、ＴＯＰＩＸの期待収益率から長期国債の金利を引いたマーケットリスクプレミアムに個別企業のベータを掛けたものだから、２％＋（４％－２％）×３で８％になりますね。

先輩　そうだな。このようにして個別企業の株主資本コストは、長期国債金利やＴＯＰＩＸの長期的な収益率、個別企業のヒストリカルベータなどのデータがそろえば、とても簡単な公式で算出することができるんだ。

第6章

企業の資本政策

企業が資金調達を行う際には負債と株式による調達という2通りの方法があることを前章で学びました。この二つにはコスト面での違いがあるため、コストを最小にして企業価値を高める最適な資本構成を目指す必要があります。

最適な資本構成を目指すスタート地点としては、モジリアニ＝ミラーの命題を理解しなければいけません。モジリアニ＝ミラーの命題とは、フランコ・モジリアニとマートン・ミラーの二人の学者によって確立された理論であり、「完全市場において資本構成は企業価値に影響を与えない」という命題です。モジリアニとミラーは資本構成をピザに例え、1枚のピザを4等分しようが8等分しようが、1枚のピザの大きさは変わらないと説明しています。

ところが現実の世界では完全市場は存在せず、たとえば負債による資金調達は利息が必要経費として利益から差し引かれるために、節税効果が発揮され企業価値が高まる一方で、借入比率が極端に増加すると、倒産リスクの高まりに伴い負債調達コストが飛躍的に高まり、最終的に企業価値が減少してしまいます。この節税効果と倒産リスクの分岐点が最適資本構成のポイントとなるのです。

また、現在では自社株を売買することも法律で認められているので、自社株売買を通じて最適な資本構成を調節することもできます。通常、市場で取引されている自社の株価が割安な場合は借入れを行い、自社株を購入して財務レバレッジを高めることもできますし、市場での株価が割高であれば株式を発行して資金調達し、負債を返済して資本構成を調整することも可能になります。

高齢者向けポータルサイト「Ｂａｈｏｏ！」は予想外の支持を受け業績は急拡大する。株式の上場を視野に入れた後輩は最適な財務バランスなどのアドバイスを受けるのだが。

後輩　先輩、加重平均資本コストを学んだお陰で、プロジェクトの当たり外れがなくなりましたよ。業績はますます絶好調です。

先輩　そうか。それは結構なことだな。ところで、お前の会社も売上がうなぎのぼりに上がってきて、そろそろ上場を視野に入れてきたんだろう。上場する前に未公開株を俺に割り当てるのを忘れるんじゃないぞ。

後輩　先輩、何だか顔が時代劇で見る悪代官そっくりですよ。全くいやらしいんだから。あまり無茶をすると、リクルートコスモスの未公開株を政治家に譲渡した**リクルート事件**のように『Ｂａｈｏｏ！事件』になっちゃうかもしれないじゃないですか。

先輩　あのねぇ、お前の会社がここまで成長できたのも、俺の的確なアドバイスのお陰だろう。お前がそんな態度を取るんだったら、今後は一切アドバイスを行わないからな！

後輩　先輩、冗談ですよ。上場前の第三者割当増資の際は必ず先輩も名簿の中に入れときますから、ご機嫌を直してしてくださいよ。

先輩　**そっ、そうか。お前がどうしても俺に未公開株を割り当てたいと言うんだったら、購入しないでもないがな。**

後輩　全く現金なんだから……。

先輩　**なんだ。何か言ったか？**

後輩　いえ、私の独り言です。ところで先輩、加重平均資本コストの算出過程で気がついたんですけど、企業の資金調達は原則、負債と株主資本の2種類でしょう。特に負債による調達は法人税分がコストから控除されるだけに、株主資本コストよりも低利で調達できると思うんですが、何で企業は調達コストの安い方から100%調達しないんでしょうか？

先輩　**おっ、さすが未来の上場社長、鋭い所に気がついたね。確かに負債による調達は損金計上できるだけに通常、株主資本コストよりも安くなるんだが、100%負債による資金調達というわけにもいかないんだ。そ**

リクルート事件
江副浩正リクルート元会長が自社の政治的財界的地位を高めようと、リクルートコスモスの未公開株を多くの政治家に譲渡し、江副氏を始め、譲渡を受けた政治家が贈収賄で起訴され有罪判決を受けた事件。

れは企業の経営に深く関わっているんだよ。

後輩　負債100%で調達すると、経営上の問題が発生するってことですね。

先輩　そう。企業というのは収益を上げることが経営上の非常に重要な命題になるが、その収益というのはまずは利息という形で債権者に配分され、次に利益が上がれば税金という形で政府に、それでも余れば配当や再投資という形で株主に配分されるんだ。このような企業の収益率を表す指標としてはROAやROEが使われる。

後輩　ROAとROEですか？

先輩　そう。ROAという指標は、企業の生み出した収益を負債と自己資本の総和である総資産で割ったものなんだ。この指標により、企業がどのくらい資産を有効に活用して収益を上げているかを判断することができるんだぜ。たとえば、負債と自己資本の総和が1億円と2億円の会社が存在していて、どちらの企業も収益が1000万円だったとすると、ROAはそれぞれ10%と5%になるってことだ。

後輩　つまりROAというのは、企業の持つ資産をどのくらい収益に転化できたかを測る指標なんですね。だからROAが高ければ高いほど、企業の資産が有効に使われていることを示しているってことか。先輩の例で言うと、総資産が1億円の企業の方が、2億円の企業よりも2倍有効に資産を利用することができているということができますね。

先輩　そう。一方でROEというのは自己資本に対する収益を測る指標なんだ。これは株主

の投資額に対してどのくらい収益が上がっているかを表しているんだよ。このROEの水準は企業の資本政策に影響を受けるから注意が必要なんだ。

後輩　ROEが資本政策に影響を受けるって、一体どういうことなんですか？

先輩　ああ、たとえば、企業の資金調達は株主資本と負債の2種類だったよな。

後輩　そうですね。企業の資金調達方法は返済する必要のない株主資本と返済義務のある負債の2種類でしたね。

先輩　ここで、企業が借入れを増やして株主資本の割合を少なくすると、株主一人当たりの収益は増えていくんだ。たとえば1億円の負債と1億円の株主資本で1000万円の収益を上げている企業が、さらに2億円を借入れして事業を拡張したとすると、5%

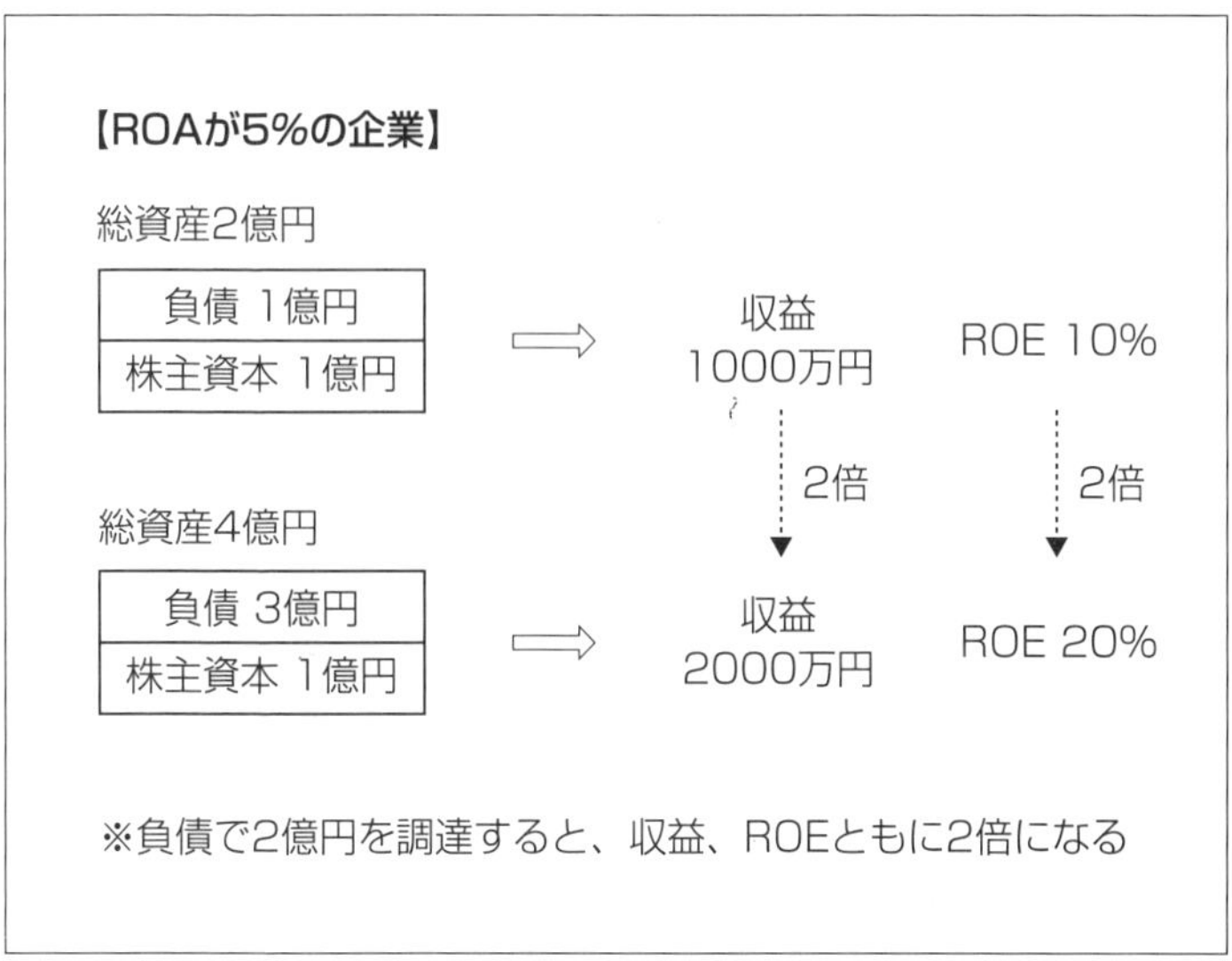

のROAが変わらないとすれば収益は2000万円に増えて、ROEは収益が増えて株主資本の額は変わらないから10%から20%に倍増することになるだろう。

後輩　あっ、本当だ。じゃあ、やっぱり借入れを拡大して収益を上げていく方が、株主にとってはいいことになるんですね。

先輩　まあ、早合点するな。一概にはそうも言えないんだ。

後輩　どうしてですか？　株主にとっては単位当たりの利益が増えて、いいことだらけじゃないですか。

先輩　そうだな。企業にとって景気がいい時は問題が発生しないかもしれないな。だけど、いったん景気が悪くなって売上が落ち込んだ時はどうなる？

後輩　さっきも言った通り、負債というのは返済義務がありますから、落ち込んだ売上から元本と利息を返済するのに四苦八苦するようになるんじゃないでしょうか？

先輩　そうだろう。最悪の場合は倒産なんてことも考えられるから、負債ばかりを増やすのも相当なリスクが伴うんだ。このように負債による調達はROEを飛躍的に向上させる手段であると同時に、経営危機に陥らせるリスクも孕んだ諸刃の剣と言うことができる。

後輩　負債は調達コストも安いし、株主一人当たりの利益を向上させることができるという理由から、安易に多額の負債を背負うことは非常にリスキーな手段になるんですね。

先輩　ああ、このように負債はその割合を高めれば株主一人当たりの収益を飛躍的に向上さ

せられることから、負債を自己資本で割った値を財務レバレッジと呼んでいるんだ。

後輩　財務レバレッジですか？

先輩　そう、レバレッジというのは「てこの原理」のことで、負債の力を利用することで、てこのように飛躍的にROEを高めることからそう呼ばれているんだよ。それじゃあ、実際に財務レバレッジの効果について、実例を挙げながら見ていくことにしようか。

後輩　負債を増やすことによってROEを向上させている事例ですね。

先輩　たとえば、総資産1億円のA社とB社という会社があったとしよう。ここでA社は1億円すべてが株主資本、B社は8000万円が負債で2000万円が自己（株主）資本だとする。

後輩　ということは、A社は100％の自己資本比率ですけど、B社は20％の自己資本比率ということですね。

先輩　そうだ。ここでA社、B社ともに好況の時は1000万円利益を出すことができるが、不況の時は100万円しか利益を出せないとし、かつB社は5％の借入利息を負担しなければならないとすると、A社とB社の株主利益はどうなる？　ちなみに問題をわかりやすくするために法人税は掛からないとしよう。

後輩　そうですね。A社は100％自己資本ですから、利益がそのまま株主の利益につながりますね。だから好況時には1000万円、不況時は100万円ですか。

先輩　じゃあ、B社はどうなる？

後輩　B社ですか？　B社の場合、利益はA社と同じですけど借入利息を支払わなきゃいけないから、利息分が8000万円の5％で400万円でしょう。だから好況時は1000万円から400万円を引いて600万円の利益を確保できますけど、不況になれば100万円から400万円を引いて300万円の赤字になりますね。

先輩　**そうだな。ここでROEを算出してみると、A社は好況時、自己資本1億円に対して1000万円の利益だから10%、不況時は100万円の利益だから1%だろう。一方でB社は、好況時2000万円の自己資本に対して600万円の利益だから30%、不況時は300万円の損失だからマイナス15%になる。**

後輩　ということは、B社のように多額の借入れをして財務レバレッジを利かせれば、好況時は自己資本比率100％のA社に

		A社	B社
資本構成		株主資本1億円	負債8000万円（金利5%） 株主資本2000万円
好況時	利益	1000万円	1000万円
	金利負担	0円	400万円
	株主利益	1000万円	600万円
	ROE	10%	30%
不況時	利益	100万円	100万円
	金利負担	0円	400万円
	株主利益	100万円	▲300万円
	ROE	1%	▲15%

比べて3倍ものROEを実現できるけど、不況の時は何とか黒字を確保できるA社に対して、B社は赤字に転落して損失を被るっていう結果になるんですね。

先輩　**だから、財務レバレッジを利用する場合は、好調時には自社の体力の数倍の成果も夢ではないけど、いったん不況に陥れば重い金利負担で収益が悪化し、最悪の場合、倒産てこともありえるから慎重な判断が必要なんだぜ。**

2 資本構成と企業価値の関係とは？ ――モジリアニ＝ミラーの命題

財務レバレッジを利かせれば収益性に影響を与えることを学んだ後輩。企業価値を最大化させる究極の資本構成を求めて研究を続ける。ところが先輩から意外な一言が……。

後輩　ふうう。

先輩　どうした？　ため息なんかついて。もしかして昨日の合コンで知り合った彼女に恋でもしちゃったのかな？

後輩　先輩、なんて不謹慎な！　今、僕の頭の中にはいかに企業価値を最大化させるかしかないんです。

先輩　その割には昨日の合コン、お前が一番張り切っていたように見えたけどな。まあいいや。ところで、そのため息の原因は何だ？

後輩　はい、負債と株主資本を変化させて財務レバレッジを利かせれば、企業の収益性に多大な影響を及ぼすことは理解できました。ただ、一体どのような資本構成が企業にとって最適なものになるかで悩んでいるんですよ。

先輩　そうだな。企業経営者にとって企業価値を最大化することは最大の目的だから、それを実現するにはどのような資本構成が最適かってことは一つの関心事ではあるよな。

後輩　それで、その答えはあるんでしょうか？

先輩　むかしな、お前と同じような考えである条件の下、最適な資本構成について証明した学者が現れたんだ。

後輩　ある条件ってどんな条件なんですか？

先輩　ああ、それは完全市場ってことさ。完全市場の下では税金を支払う必要もないし、取引に関するコストも全くかからない。

後輩　完全市場っていうのは税金や取引コストのない市場のことなんですか。でも、現実にはありえないですね。

先輩　まあ、今回説明するのはあくまでも理論上の話なんだが、1960年代にモジリアニとミラーという二人の学者が「完全市場の下では企業価値はバランスシートの左側の資産価値によってのみ決まり、負債と株主資本の構成割合は企業価値に何ら影響を与えない」ことを証明したんだ。これは証明した学者の名前を取って「モジリアニ＝ミラーの命題」、略してMM理論と呼ばれているんだけどな。

後輩　なーんだ。負債と株主資本の構成を変化させても、企業価値には何ら変化は起こらないってことですね。でも、どういう理屈でそんなことが言えるんですか？

先輩　じゃあ、一つ具体例を交えて説明していこうか。たとえば、今100%を自己資本で賄っているA社と、負債と株主資本で構成されているB社が存在したとしよう。ここでこの両社の資本構成は異なるが、常に同じ総資産、同じ収益を実現するとしよう。

後輩　たとえば、A社、B社共に総資産1億円、収益1000万円と同じ業績を上げているけど、資本構成のみが違うってことですね。

先輩　**そう。このような場合、両社の企業価値に違いがあるかどうかを確かめるために、A社とB社の株式・負債の10%を購入する投資について考えてみよう。両社に対する10%の投資ってことは、A社に対してはもちろん10%の株式購入になるし、B社に対しては負債部分の10%の負担と株主資本部分の10%の株式購入になるよな。**

後輩　たとえば、A社が株主資本1億円、B社が負債5000万円、株主資本5000万円とすると、A社の株式を1000万円購入し、B社については負債部分500万円、株主資本部分で500万円の計1000万円を投資するってことですね。

先輩　**そうだな。ここで投資の価値を決定するのはリターン、つまりキャッシュフローになるから、二つの投資についてキャッシュフローを比べてみよう。まずA社については収益すべてが株主利益に直結するから、A社への投資については収益の10%がこの投資に対するキャッシュフローになることは理解できるよな。**

後輩　えーと、ということはA社が1000万円の収益を上げているとすれば、そのうちの10%がこの投資に対するリターン、つまり100万円ということになりますね。

先輩　**次にB社に対する投資について見ていこうか。B社は負債による調達を行っているから、A社と違って収益から利息を支払わなければいけない。だから、株主が受け取るキャッシュフローは借入利率によって影響を受けることになる。**

		A社	B社
資本構成		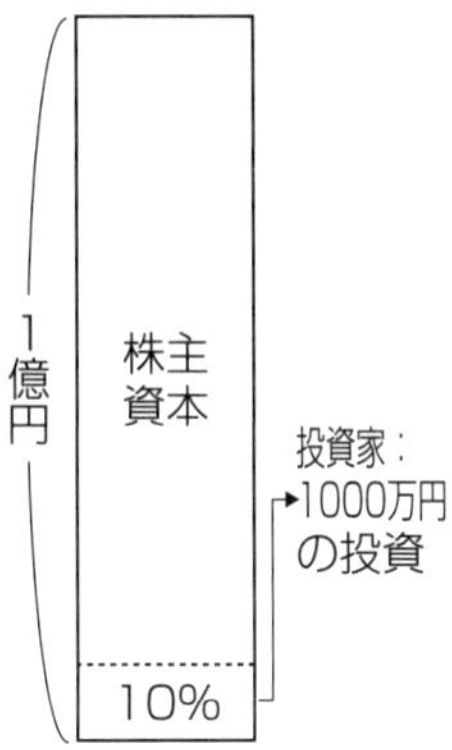	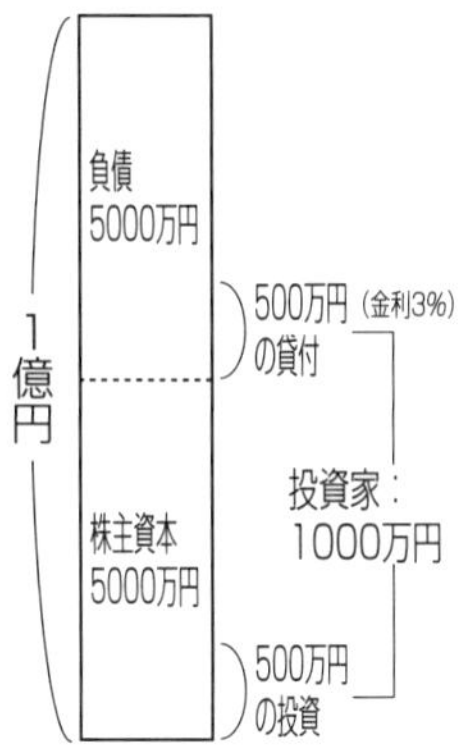
企業	利　益	1000万円	1000万円
	支払利息	0円	150万円
	純利益	1000万円	850万円
投資家	投資によるリターン①（純利益の10%）	100万円	85万円
	貸付利息によるリターン②（利息の10%）	0円	15万円
	総リターン（①+②）	100万円	100万円

※投資家にもたらされるキャッシュフローは、負債部分、株式部分の割合にかかわらず、常に同じとなる。

後輩　そうですね。たとえば、5000万円の負債の場合、借入利率が3％であれば150万円、5％であれば250万円の利息を支払わなきゃいけないから、収益から差し引くと株主の得られるキャッシュフローはそれぞれ850万円、750万円にダウンしちゃいますね。

先輩　ところがだよ、B社に対する投資の場合は負債部分にも10％投資しているから、トータルのキャッシュフローを見ていくと結局は収益の10％に落ち着くことになるんだ。

後輩　ちょっと待ってくださいよ。利息っていうのは企業の得た収益から支払うことになりますから、収益から利息を差し引くことによって株主が得られる最終収益になりますよね。この最終収益は負債がある場合はその借入利率に左右されますけど、株主が負債部分も同じく負担しているる場合、債権者は利息を得ることができるので、たとえば、負債部分の10％と株式部分の10％を負担しているとすると、借入利率にかかわらず、結局は営業で得た収益の10％のキャッシュフローを得ることができるってことですか。借入利率が3％の場合は利息が150万円、収益が850万円ですからそれぞれの10％で100万円。借入利率が5％の場合は利息が250万円に収益が750万円ですから、それぞれの10％でやっぱり100万円。ほんと、借入利率にかかわらず、キャッシュフローは100万円で同じですね。

先輩　そうだろう。だからA社の株式に10％投資するポートフォリオと、B社の負債部分

10%、株式に10%投資するポートフォリオは常に同じ収益をもたらすから、同じ価格になるんだ。

後輩　ということは結局、資本構成をいくら変えても収益に差がなければ、企業価値は全く変わらないということになるんですね。

先輩　**ああ、1枚のピザを4等分しようが8等分しようが、全体の大きさが変わらないのと同じで、企業の資金調達を借入れで行おうが株式で行おうが、企業の価値というのは変わらないってことさ。**

3 企業の最適資本構成の現実とは？

ピザは何等分しても全体の大きさは変わらないように、企業価値は資本構成に何ら影響されないときれいごとを教えられた後輩であったが、理想と現実のギャップを知ることとなる……。

後輩　先輩、完全市場の下では企業の価値は資本構成の影響を受けないってことでしたけど、現実には儲けが出れば法人税を払わなきゃいけないし、取引コストもかかりますよね。それでも資本構成で企業価値っていうのは変わらないものなんでしょうか？

先輩　おっ、さすがにいいところに気がついたね。資本構成によって企業価値が変わらないというのは理論上の話で、実はな、現実の世界では資本構成によって企業価値が変わってくるんだ。

後輩　ここでも理想と現実の違いがあるんですね。まるで先輩のようじゃないですか。

先輩　そうだな。俺もファイナンス理論を駆使してがっぽがっぽ金を儲けて、ヒルズ族のように綺麗なセレブの彼女を横に侍らすのが理想だが、現実は安月給でこき使われる万年ヒラリーマンだからな……って、おいお前、なんてこと言わせるんだ！

後輩　あっ、すいません。ちょっと口がすべってしまって……。

先輩　まあ、俺の理想と現実はともかく置いといて、企業の最適資本構成の現実はだよ、法人税と倒産リスクで決まってくるんだよ。

後輩　企業の最適資本構成は法人税と倒産リスクで決められるんですか？

先輩　そう。たとえば完全市場の下では法人税がないから、企業が収益を上げればまず債権者に利息を払って残りがすべて株主のものになるってことだったよな。

後輩　そうですね。借入利率にかかわらず投資家に対するキャッシュフローは一定で、資本構成による企業価値への影響は全くないってことでしたけど。

先輩　ただ、現実には最終の利益から税金を払わなきゃいけないから、現実の世界では投資家の受け取るキャッシュフローに違いがでるんだ。

後輩　と申しますと？

先輩　たとえばだよ。無借金の会社が1000万円の利益を上げている場合、法人税が50％

ヒルズ族
六本木ヒルズ森タワーに本社を置く企業群の代表者や六本木ヒルズ内の高級マンションに住む住人を指す。「勝ち組」の代名詞としても使われる。代表的なヒルズ族と言われるのは楽天の三木谷社長やサイバーエージェントの藤田社長、USENの宇野社長など。

かかるとすると、投資家へのキャッシュフローは税金分の500万円を引いた500万円になってしまう。

後輩　この場合、キャッシュフローが半減してしまうんですね。

先輩　**そう。ところが一部を負債で調達し、その利息が600万円だとすると、収益は400万円になるから法人税はその半分の200万円。だから投資家へは利息の600万円と収益の200万円を足して800万円のキャッシュフローとなる。**

後輩　ということは、負債による調達は利益の圧縮効果があり、法人税を支払わなきゃいけない現実においては、利益が十分に出ているならば、負債を高めれば高めるほど企業価値は向上していくことになるんですね。

	A社	B社
利　　益	1000万円	1000万円
利　息　①	0円	600万円
純　利　益	1000万円	400万円
税　金（50%）	500万円	200万円
税引き後純利益②	500万円	200万円
投資家へのキャッシュフロー（①+②）	500万円	800万円

先輩　いや、そう簡単にいかないのがこの厳しい現実で、負債比率をただ単に高めればキャッシュフローが高まって企業価値が向上するとも言えないんだ。

後輩　えっ、でも利益がある限り、利息を増やして節税効果を狙っていくのが経営者としての務めでしょう？

先輩　何が「経営者としての務めでしょう？」だ。だからお前のような奴はひよっこ経営者と呼ばれるんだ。いいか。たとえば極端な話、お前の会社の資金調達が100%負債で賄われていたらどうする？

後輩　そうですね。負債っていうのは返済しなきゃいけないものですから、随時資金を入れ替えていかなきゃいけないですね。しかも、あらたな負債を起こす時に債権者が承諾してくれなければ即アウトですよ。

先輩　そうだろう。言い換えれば、負債比率を上昇させていくっていうことは、キャッシュフローは増加するかもしれないが、それだけ経営に対するリスク、つまり倒産リスクが高まっていくってことなんだ。このような倒産リスクが高まれば、金利が異常に高まって収益部分を圧迫し、企業価値を減少させることにつながるんだ。

後輩　そういえば、この前の銀行との交渉で「最近は借入比率が高くなってきたので、従来金利よりも1%上乗せしなければお貸しできません」みたいなことを言われましたね。

先輩　そういう倒産リスクに応じた金利の上乗せはリスクプレミアムって呼ばれて、負債調達コストの上昇を意味するんだぜ。

後輩　倒産しそうな企業に融資しようとすると、その倒産確率に応じて金利を高めていくのは当然のことですよね。ハイリスクであれば、ハイリターンでなければ誰も応じないってことですね。

先輩　そうだな。倒産リスクが高まれば、そのような調達コストの上昇だけでなく、様々なコストが上昇するから注意が必要なんだ。

後輩　たとえば、調達コスト以外にどんなコストが上昇するんですか？

先輩　倒産リスクが高まれば仕入先や販売先との取引条件が厳しくなったり、従業員の士気の低下による労働生産性の低下を招いたりして、間接的なコストが増えてくるんだよ。

後輩　そういえば以前、倒産寸前のスーパーでは現金決済以外は業者が商品の納入を拒んで、品ぞろえが極端に少なくなるってこともありましたね。現金決済だと仕入れの個数も限られてくるから、納入単価も上がるでしょうしね。

先輩　まあ、普通の企業だとそこまで意図的に負債比率を高めることはないだろうが、負債比率をある程度高めると、そのような倒産リスクに対するコストが発生することになる。

後輩　負債がいくら節税効果を発揮して企業価値を高めるといっても、度を過ぎると逆効果になるんですね。そうするとどのような基準で資本構成を決定すべきなんでしょうか？

先輩　そうだな。企業価値っていうのは、負債のない企業の価値に、節税によるキャッシュフローの現在価値を足して、倒産リスクに対するコストの現在価値を差し引いたもの

永久年金
永続年金ともいう。金額のキャッシュフローが続く金融資産の現在価値は、（キャッシュフロー）÷（割引率）で求められる。

になるんだ。だから最適な資本構成っていうのはこの企業価値を計算して最大となるポイントってわけ。たとえば、さっき伝えた事例で見てみると、負債ゼロの企業の収益は500万円、このキャッシュフローがずーっと続くとして割引率を10%とすると、**永久年金**の公式から500万円を10%で割って5000万円。

後輩　この場合の負債ゼロの企業の価値は5000万円ってことですね。

先輩　そう。次に負債による節税効果の現在価値を求めると、負債で資金調達した企業のキャッシュフローは800万円で、負債ゼロの企業より300万円のキャッシュフローのプラスだったから、この効果が永遠に続くとすると、節税効果による価値向上分は300万円を10%で割って3000万円。ただ、負債を増やすということは倒産リスクが上昇するってことだから、この段階での倒産リスクによるコスト増を1000万円と仮に設定すると、倒産リスクによるコスト増の現在価値は同じように1000万円を

10%で割って1000万円ということになる。

後輩　ということは今回の場合、負債ゼロの企業の価値は5000万円、負債による調達を行っている企業の価値は5000万円+3000万円−1000万円で7000万円となって、企業価値に差がつくことになりますね。

先輩　**ああ、負債比率が増すことによって思った以上に企業価値に開きができるだろう。**

後輩　ただ、この700万円という企業価値よりもさらに高い価値を実現することも可能ですよね。一体、どのくらいの負債比率にすれば企業価値が最大になるんですか。

先輩　**そうだな。これまで説明してきたように、負債による調達は節税効果があるから、ある程度までは負債比率を高めて財務レバレッジを利かせた方が資本コストは低下していくんだ。ただ、一定のポイントを過ぎたら、今度は倒産リスクが高まったと判断されて、借入金利に倒産リスクが上乗せされて急速に資本コストが増加に転じることになる。この増加に転じるポイントが、企業**

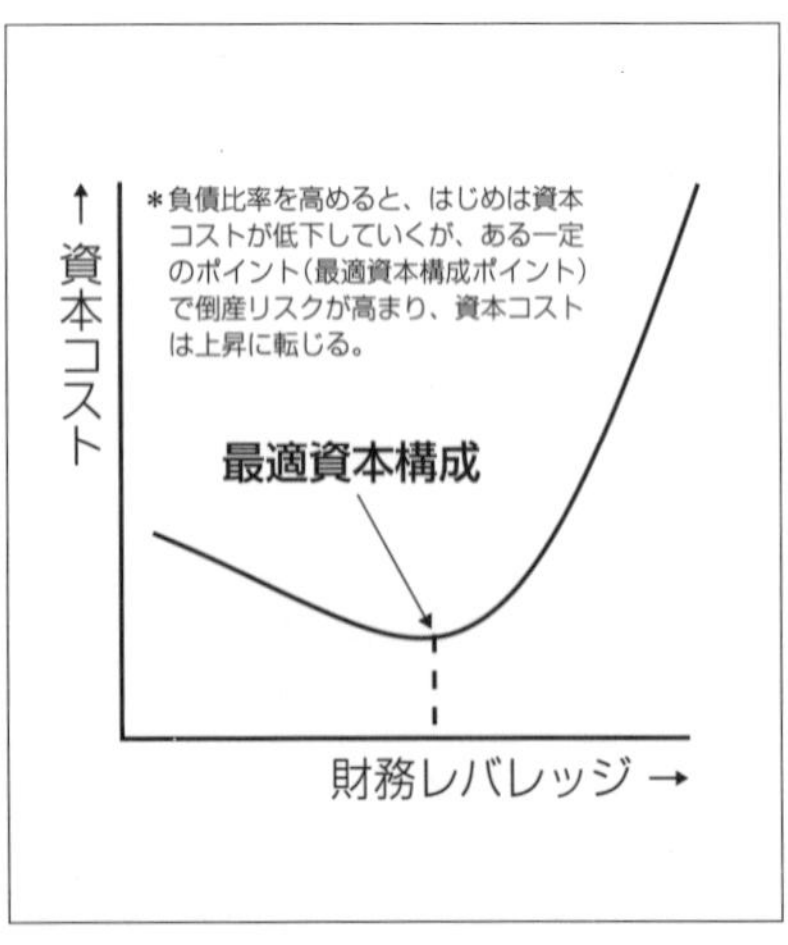

↑資本コスト
＊負債比率を高めると、はじめは資本コストが低下していくが、ある一定のポイント(最適資本構成ポイント)で倒産リスクが高まり、資本コストは上昇に転じる。
最適資本構成
財務レバレッジ →

価値を最大化させる最適資本構成ということができるよな。

後輩　そうすると、徐々に負債比率を増していって、調達コストの変化を見極めて、最低の資本コストを実現できるポイントを探していけばいいってことですね。

先輩　そう。現実にはどの程度の負債比率に対して、どの程度資本コストが上昇するのかを細かく把握するのは簡単なことではないけど、ある程度の幅で最適資本構成を認識することはできるんじゃないかな。

4 最適な配当政策の実施方法とは？

Ｂａｈｏｏ！の業績が堅調に推移し、ついに上場！ところが、株主から配当に対する要求が高まる。たまりかねた後輩は先輩のところに相談に行くが、先輩からは意外な言葉が……。

後輩　先輩、お陰さまでＢａｈｏｏ！も何とか上場に漕ぎ着けることができましたよ。これで僕もようやく、念願だった他のＩＴ企業の社長たちと肩を並べることができるんですね。

先輩　しかし、お前のような奴が上場まで果たすなんて、ひとえに俺のお陰だな。

後輩　まあ、誰のお陰かは別にして、最近ちょっとした問題が発生しているんです。

先輩　なんだ、いきなり粉飾決算で上場廃止なんて言うんじゃないだろうな？

後輩　そうじゃなくて、うちの会社も業績が堅調で、株主が配当しろって株主総会で紛糾したんですよ。

先輩　ベンチャー企業では赤字のところが多いから、うらやましいもんだね。株に投資するってことは、投資家は配当収入かキャピタルゲインを期待するから当然といえば当然のことなんだけどな。

後輩　それじゃあ、やっぱり株主に対しては利益が出れば配当すべきなんでしょうか？

先輩 **伝統的なファイナンス理論から言うと、企業は配当性向を高めるべきだということだったんだ。投資家っていうのは、将来受け取れるかどうかもわからないキャピタルゲインを気長に待つよりは、定期的に受け取れる配当の方を好む人も多いからな。**

後輩 〝だった〟ということは今では配当性向を高める必要がないってことなんですか？

先輩 **実はそうなんだ。ほらあのモジリアニとミラーの理論を学んだだろう。**

後輩 あのピザは何等分しても1枚の大きさは変わらないってやつですね。

先輩 **さすが食いしん坊のお前だけあって、食べ物で重要な理論を憶えているな。そう、そのモジリアニとミラーの理論で配当政策は株主価値に影響を与えないことが証明されたんだ。**

後輩 具体的にはどういうことなんですか？

先輩 **たとえば、企業が配当を行うということは、企業の手持ち資金から行うということだろう。企業の手持ち資金というのは、とりもなおさず株主に帰属するものだし、それを株主に還元したとしても株主の価値には何ら変化はないってことになるのさ。**

後輩 そうか。たとえば、手持ち資金が1億円あった場合に1000万円を配当として株主に還元すれば、その時点で株主は1000万円の配当を得ることができるけど、同時に企業からは1000万円のキャッシュが出ていくことになって、トータルでの株主価値は変わらないってことになるんですね。

先輩 **そう。ただ現実の世界ではモジリアニとミ**

ラーが前提としたような完全市場ではないから、状況に応じて配当政策を考えていかなきゃいけないんだ。

後輩　と申しますと？

先輩　そうだな。配当政策というのは企業の発展段階と大きく関係しているんだ。たとえば、成長期にある企業にとっては投資家の期待利回りを上回る投資機会がたくさん存在するから、事業で得た利益を配当で投資家に分配するよりは、期待利回りの高いプロジェクトに再投資する方が、株主にとっても高いキャピタルゲインを実現できるから望ましい政策と言うことができるんだ。

後輩　そういえば、成長著しいIT関連の企業なんかは利益が出ても株主に配当せずに、利益をそのまま事業に再投資するケースが目立ちますよね。

先輩　そうだろう。そうすることによって株価の上昇が見込め、企業は資金調達が有利になるし、株主はキャピタルゲインを手にすることができるから、成長期の企業の無配当政策は双方にとってメリットのある話なんだ。一方で、成熟期に入った企業の場合は、投資も一段落して投資の刈り取り期になるから、キャッシュはどんどん入ってくるけど投資家の期待利回りを上回るような新たな投資機会は見当たらなくなるんだ。このような場合は配当を行って株主に還元したり、自社株買いを行って1株当たりの価値を高めたりして株主に価値を提供していくといいんだ。

後輩　成長期の企業と成熟期の企業とは、全く異なる対策をとる必要があるんですね。

先輩　そうだな。企業とするとこのように成長段

階に応じて配当政策を考えていかなきゃいけないわけだけど、配当にはキャッシュを株主に還元するという意味だけではなく、他にも企業の持つ情報を外部に伝えるという役割も果たしているんだ。

後輩　配当が企業の持つ情報を外部に伝える役割を持っているって、一体どういうことなんですか？

先輩　一般的に企業の経営者が持つ情報と投資家の持つ情報っていうのは、この情報化が進んだ時代においてもかなりの格差があるのは理解できるだろう。

後輩　そうでしょねぇ。いくらインターネットなどを利用して多くの情報を効率的に検索できるようになったとはいえ、企業の内部情報まではそう簡単には手に入れることはできないですものね。まあ、今話題の**ウィニー**で内部情報が流出する場合は別でしょうけど。

先輩　そうすると投資家っていうのは、経営者の行動から将来の業績見込みや企業価値に関する情報を推測するしかないんだ。配当の増額や減額はその企業の発する有力な情報のうちの一つというわけさ。たとえば、配当を増額する場合は「企業が配当を増額しても、それを維持するだけのキャッシュフローが将来にわたって続く」という経営者の判断を読み取ることができるだろう。

後輩　そうか。配当っていうのは毎年出したり、やめたりするのは市場に混乱を来たす原因ともなるので、経営者とすると、いったん増額すると決めたら長期的に維持する傾向がありますよね。そう考えると、配当の増額はよっぽど今後の業績に自信がないとできないっていうわけですか。

先輩 **その通り。また企業はこのような配当の増額を、株価を高めるという観点からも行っているんだ。**

後輩 投資家とすると従来よりも高い配当を手にすることができるし、今後の業績予測として好調な見通しであれば、株価が今より上がらないわけがないですからね。じゃあ、逆に配当の減額は業績の見通しが悪化した場合だから、株価を下げる要因でもあり慎重に行わなきゃいけないってことですね。

先輩 **まあ、それも一理あるけど、必ずしもそういう場合だけじゃないぞ。**

後輩 えっ、配当を減額するのに株価が上がる場合もあるってことですか？　投資家が手にするキャッシュが減るのに株価が上がるマジックなんてないでしょう？

先輩 **それがあるんだよ。考えてみな。たとえばだよ、成長段階にある企業が新規に期待利回りの高いプロジェクトを企画して、その資金調達としてこれまで配当にまわしていた資金を原資にすると発表したらどうかな？**

後輩 配当金は下がるけど、成長の見込めるプロジェクトへの投資ですから、キャピタルゲインの期待が高まって株価は上昇するかもしれませんね。

先輩 **だろう。企業はこのように配当に関する情報を通じて企業の内部情報を投資家に伝えて、株価をある程度コントロールすることもできるんだ。**

後輩 ふーん、今までは配当っていうのは利益が出たから株主に還元するという単純な政策をイメージしていましたが、企業の成長段階に合わせて政策を考えたり、情報効果を見込んで発表するなど先を見越した決定が必要になってくるんですね。

ウィニー
インターネットを通してパソコンユーザー同士がファイルを交換できるソフトウェア。無料のソフトウェアであり、手軽にファイル交換できるために利用者が増加。現在は悪質なコンピュータウィルスにより、パソコンに保存しているファイルを勝手に公開し、企業の機密情報が広く流出するなど社会問題にもなっている。

5 自社株取得によるメリットとは？

あら
久しぶり
だいぶ
活躍している
ようね
この前テレビ
で見たわ
あ、
愛ちゃん♡

順調に成長し、キャッシュがどんどん増え、投資対象として魅力の増したＢａｈｏｏ！敵対的買収を防ぐために先輩が授けた秘策とは？

後輩　先輩、最近うちの会社も利益が出るのはいいんですけど、期待利回りの高いプロジェクト案件が出てこなくて資金がだぶつき気味ですよ。

先輩　お前、このご時世に景気のいい話だな。でも、キャッシュが多くなりすぎると敵対的な買収対象になるから注意しないとな。敵対的買収にあえばお前のような経営者はあっという間に首が飛ぶのは火を見るより明らかだからな。

後輩　またぁ、先輩脅かさないでくださいよ。ここまで会社を大きくしたのは、ひとえに僕の才能なんですから。

先輩　俺に言わせりゃ、ほとんど運でここまできたとしか説明のしようがないがな。まあいいや。今回は自社株取得でもして、一度株主に利益を還元したらどうだ？

後輩　自社株取得？　自分で自分の会社の株を買うことですか？　そういう株主への利益の還元方法もあるんですね。

先輩　ああ。自社株取得ってのはなぁ、お前のところみたいに現金は豊富に持ってるけどいい投資機会に恵まれない場合に、配当と同じように株主に利益を還元するために行うんだ。まあ、そればかりが理由ではなくて、自己資本比率が高くなりすぎているような場合、財務レバレッジを高めるために、借入れで資金を調達して自社株を購入するようなパターンもあるにはあるんだけどな。

後輩　今回もし我が社が自社株買いを行うとすると前者のケースですね。ところで、自社株取得する場合は市場を通して買うことになるんでしょうか？

先輩　そうだな。一般的に広く行われている手法は、通常の投資家と同じように市場から市場価格で自社株を購入する方法なんだ。他にも一般の株主にある程度のプレミアムを乗せた価格を提示して、応じた株主から自社株を買い取る方法や、大株主と直接交渉して自社株を買い取る方法もある。

後輩　一通りではなく、いくつかのパターンがあって、自社の状況に応じて最適な方法を選べばいいってことですか。ところで、取得した自社株はどのように扱えばいいんですか？

先輩　買い取られた自社株は金庫株と呼ばれて一時的に権利が抹消されるんだけど、企業に資金需要が発生した際には市場で売却して資金調達することもできるし、他にもストックオプション制度を導入している企業などは、従業員が権利を行使した際に使うなどの用途もある。

後輩　自社の株式を買い取って金庫にしまっておくようなものだから金庫株ですか。面白いネーミングですね。

先輩　この金庫株っていうのは、これまで日本では禁止されていたんだ。

後輩　なぜ日本では禁止されていたんですか?

先輩　主に二つ理由があって、一つには自社株取得っていうのは結局は出資の払い戻しと同じだろう。そうすると企業の自己資本部分が薄くなって、会社の財務の健全性を悪化させる可能性があること。そしてもう一つは、企業が自社株を自由に売買できるようになると、自社のことは自分が一番よく知っているわけだから、インサイダー取引を行ったり、株価を意図的に操作するなど違法行為に走る企業が現れる可能性があることなんだ。

後輩　そうか。自社株買いはキャッシュが社外に出て行くことだから企業の財務基盤が脆弱になるのは理解できますし、内部情報を持っているものが株の売買を行えるようになると、それで利益を手にしようと考える企業が現れてもおかしくないですもんね。でも、どうして今ではその金庫株が認められるようになったんですか?

先輩　ああ、バブル崩壊後、株価の下落に歯止めがかからなかったからさ。

後輩　そうすると自社株買いは、自社の株価が下落した際に自社株を買い戻して、株価を一定以上に保つ効果も期待できるわけですね。

先輩　そうだな。企業の自社株取得は外部投資家に対するメッセージにもなっているんだ。

後輩　と言いますと……。

先輩　ああ、たとえば企業の経営者とすると、自

社の株価が割高と感じた時は新株を発行して資金調達を行い、自社の株価が割安と感じた時は自社株取得を行って金庫株として保管しておくということができるだろう。ということは、自社株取得を行うことは投資家に対して「うちの株は現在過小評価されていますよ」というメッセージも含んでいるんだ。

後輩　そういう意味では、自社株取得には増配と同じように、株価にプラスの影響を与えるという効果があると言えるんですね。

第7章 企業価値の算定

企業の価値を算出するには、大きく分けて永久的に企業が事業活動を行っていくことを前提にした場合と、ある時点で解散することを前提にした場合の2通りの考え方があります。一般的には、企業というものは時代を超えて活動する存在という認識から、企業価値を算出する場合は継続価値が利用されています。

この場合、企業価値を求めるためには、詳細な計画に基づいた今後10年から15年程度先の将来を予測した財務諸表を作成し、各期間のフリーキャッシュフローを求めていくことになります。この予測財務諸表以降のフリーキャッシュフローは一定の金額が続くか、もしくは一定の割合で成長すると仮定して全期間のフリーキャッシュフローを計算し現在価値を求めれば、それがとりもなおさず現在の企業価値となるのです。

この場合の割引率には企業の資金調達コストである加重平均資本コスト（ＷＡＣＣ）が使用されます。また、企業価値算出のために作成された予測財務諸表は事業計画と密接にリンクし、企業の目指すべきフリーキャッシュフローに基づいて計画的に企業価値を高めていく基盤となります。

このように企業価値が明確に計算できれば、自社の〝あるべき株価〟を把握することが可能になり、上場している企業にとって、市場の株価が自社の〝あるべき株価〟と著しく乖離するような場合には、たとえば高い評価であれば株式を発行して資金を調達したり、逆に低い評価であれば自社株を市場を通じて購入し財務レバレッジを高めたりするなど、機動的な財務戦略を実行することができるようになるのです。

最適な資本政策を取り入れてさらに堅実な業績を積み重ねるBahoo!後輩は次の秘策として企業価値を向上させる方法を先輩から伝授される。

後輩　先輩、ようやく『Bahoo!』も資本政策を堅実なものにして、上場企業として恥ずかしくないような企業に成長してきましたよ。

先輩　お前のような経営者でもこの厳しいビジネス社会で勝ち残れるなんて、まるで奇跡だよな。

後輩　そんな、僕の経営を**世界の七不思議**みたいに言わないでくださいよ。

先輩　いやー、お前の経営はまさに神がかり的だよ。アドバイスする俺自身が一番驚いているんだけどな。まあ、これからはさらなる企業価値の向上に専念していくべきだな。

後輩　そうなんですよね。今の悩みどころは企業価値の向上にあるんですよ。ファイナンスのプロフェッショナルにお聞きしたいんですが、企業価値を向上させるのには一体どうすればいいんでしょうか？

先輩　ファイナンス理論的に言えば、フリーキャッシュフローを増やしていく必要がある

ね。

後輩　フリーキャッシュフロー？　キャッシュフローっていう言葉はよく聞きますけど、そのフリーキャッシュフローっていうのはどんなものなんですか？

先輩　**フリーキャッシュフローっていうのは文字通り、企業が自由にできる資金の流れのことだ。**

後輩　なるほど。簡単に言えば、利益から事業の経営上必要な経費を差し引いたものになるんですね。

先輩　**そういうことになるな。ただ実際のフリーキャッシュフローはもう少し複雑な計算が必要だから、順を追って説明していこう。まずフリーキャッシュフローの大元になるのは、EBITと呼ばれる支払金利前税引き前利益なんだ。**

後輩　EBIT？　支払金利前税引き前利益っていうのも初めて聞く言葉ですね。

先輩　**EBITっていうのは、損益計算書の経常利益に、継続的に発生する営業外損益を加味することによって求めることができるん**

世界の七不思議
世界の七不思議は紀元前2世紀ギリシャの数学者、ビザンチウムのフィロンが選んだ七つの古代遺跡が始まりとされている。フィロンが選定した七不思議はギザのピラミッド、バビロンの架空庭園、アレクサンドリアの大灯台、ロードス島の巨像、オリンピアのゼウス像、エフェソスのアルテミス神殿、ハリカルナッソスの霊廟である。

EBIT
Earnings before Interests and Taxesの略。税引き前当期利益に支払利息を加えたもの。

だ。

後輩　具体的にはどのような項目が営業外損益になるんですか？

先輩　そうだな。たとえば、営業外収益で言えば、受取利息や配当金などが挙げられるし、営業外損失で言えば、支払利息や社債利息が挙げられるな。

後輩　そうすると、ＥＢＩＴは、経常利益から受取利息を差し引いて、支払利息を加えればいいんですね。また、そのような営業外損益が特に継続的に発生しなければ、ＥＢＩＴっていうのは営業利益と同じになるってことか。

先輩　ああ。このＥＢＩＴは税引き前のキャッシュフローだから法人税分を差し引くと、企業が自由に処分できる資金額がわかるだろう。

後輩　そうですね。利益が出ていれば税金は確実に払わなきゃいけないですから、その分はキャッシュフローから控除しておかなきゃ、後で大変なことになりますものね。

先輩　この他にも企業のキャッシュフローに、減価償却や投資、運転資本の変化が関係してくるんだ。

後輩　利益以外にもキャッシュフローにはいろいろな要素が絡み合ってくるんですね。

先輩　そう。減価償却っていうのは、有形固定資産の投資は経費と認められて利益から控除することができるんだけど、設備投資したその年で一括して費用計上するわけではなく、年数や一定の割合で数年にわたって費用計上していく制度のことなんだ。

後輩　たとえば、1億円の工場を建設した場合、建設した年に1億円を費用として計上するわけじゃなく、20年の期間で償却する場合は毎年500万円ずつ、費用として計上することができるってことですね。

先輩　**ああ。減価償却の残存価格がない場合はそうなるな。そこでキャッシュフローに注目すると、工場を建設した年はその建設代金として1億円の現金支出が発生するけど、損益計算書上はさっき言ったように、この1億円が一括して営業利益から差し引かれるわけではなく、20年にわたって均等に経費として計上されることになる。そこでこの均等に分割されて差し引かれた経費は、現実に現金支出を伴うものではないから、フリーキャッシュフローを計算する際は、その分をプラスのキャッシュフローとして加えなきゃいけないんだ。**

後輩　この減価償却っていうのは名目上の経費で、実際に現金が動いていないにもかかわらず営業利益から差し引かれているから、この減価償却分のキャッシュフローは企業が自由にできる資金が増えるってことですね。でもそうすると、工場の代金1億円という実際の現金支出はどうするんですか？

先輩　**ああ、だからそのような設備投資にかかった資金は投資として、実際に支払いを行った年のキャッシュフローから差し引かなきゃいけないんだ。これらの減価償却や投資に加えて、フリーキャッシュフローに影響を与えるのが運転資本の変化になるのさ。**

後輩　運転資本の変化？　運転資本の変化って一体どんなものなんですか？

先輩　**運転資本っていうのは別名ワーキングキャ**

ピタルとも呼ばれて、日々の事業を行うのに必要な資金のことなんだ。

後輩　たとえば、原材料を仕入れたりする資金のことですね。

先輩　**そう。企業は事業活動を継続させるために、そのような活動に必要な資金を調達しなきゃいけないんだけど、それが運転資本というわけだ。だからこの運転資本は、現預金や換金性の高い有価証券を除いた流動資産から、有利子負債を除いた流動負債を差し引くことによって、具体的な数字が求められるんだよ。**

後輩　具体的にはどんな流動資産や流動負債が、この運転資本の算出の際含まれるんですか？

先輩　**流動資産に関して言えば売掛金や棚卸資産だし、流動負債に関して言えば買掛金なんだ。**

後輩　でも、フリーキャッシュフローに含まれるのはあくまでもこの運転資本の増減であって、運転資本そのものではないんですよね。なぜその運転資本の増減になるんですか？

先輩　**ああ、それは運転資本の増加分や減少分が企業のキャッシュフローに影響を与えるからなんだ。たとえば、前年度と比べて運転資本が増加していれば、企業はその増加分の支払いをするためにキャッシュを用意しなきゃいけないし、逆に運転資本が減少していれば、企業はその減少分のキャッシュを受け取ることができるんだ。**

後輩　そうか。たとえば売掛金の残高がキャッシュフローに影響を与えるわけでなく、売掛金の残高の増減によって、企業が準備しなければいけない資金に影響が出るわけですね。

先輩　**そうだな。これまで伝えてきた要因によって企業のフリーキャッシュフローが左右されることになるんだ。**

後輩　そしてこのフリーキャッシュフローを増やすことが、企業価値を向上させることにつながっていくんですね。

2 企業価値を算出するには?

企業価値向上の秘策を伝授され実践に勤しむ後輩であったが、肝心の企業価値がいくら向上したのかも見当がつかない。先輩の授けたアドバイスとは?

後輩　いやー、先輩に企業価値を高めるにはフリーキャッシュフローを増加させなきゃいけないって聞いて、今はとりあえず営業利益率を高める努力をしてるんですよ。

先輩　**やはり何事も小さいことからコツコツと行うのが重要だからな。西川きよしもそう言っていただろう。**

後輩　ところで、企業価値を高めるにはフリーキャッシュフローを増やしていけばいいということは教わりましたけど、実際に数値で企業価値がどのくらいかは計算することはできないんですか?

先輩　**フリーキャッシュフローさえわかれば、数値で企業価値を求めることはできるさ。将来にわたって生み出されるフリーキャッシュフローの現在価値が、とりもなおさず企業価値ということができるからな。ただ気をつけなきゃいけないのは、このフリーキャッシュフローを現在価値に直すことによって求められる企業価値は、株主にとって**

の企業価値ではなく、負債の債権者を含めた全体的な企業価値となる。だから、株主分の企業価値を求める場合は、全体の企業価値から負債総額を差し引く必要があるんだよ。

後輩　まず全体の企業価値を計算して、それから他人資本分を差し引くってことですね。

先輩　そういうこと。そのような前提に立って企業価値を算定する場合は、まずは10年から15年程の予測財務諸表を作成するんだ。

後輩　予測財務諸表の期間はどのように決定するんですか？

先輩　ああ、特に決まった基準はないから、作成する会社の状況に応じて10年だったり、15年だったり、20年だったりする。ただ、あまり長い先の財務諸表は予測することが困難だから、10年程度で十分だと思うけどね。

後輩　そうですね。今やビジネスの展開が速すぎて、1年先のことを予測するだけでも難しいですからね。

先輩　それから、その財務諸表で予測した以降のフリーキャッシュフローについては便宜

西川きよし
吉本興業所属の漫才師。故横山やすしとのコンビ「やすしきよし」で漫才界の頂点に立つ。1986年には参議院議員選挙で立候補し、「小さいことからコツコツと」と有権者に訴え見事当選。以降3期18年間の議員生活を送る。

上、一定の金額が続くか、もしくは一定の成長率で増加していくと仮定してフリーキャッシュフローの現在価値を求めるんだ。

後輩　ということは、フリーキャッシュフローを現在価値に直して企業価値を算出する場合、2段階あって、まずは数年分のフリーキャッシュフローを予測財務諸表から求めて、現在価値に引き直したものと、それ以降は一定のフリーキャッシュフローが続くものとして仮定した、永久年金と同じ形で現在価値に引き直したものを足すことによって、全体的な企業価値が算出できるってことですね。

先輩　そうだな。じゃあ、簡単な事例で企業の現在価値を求める練習をしてみようか。たとえば、予測財務諸表から今後3年間のフリーキャッシュフローが1億円、3億円、5億円と続いた後、それ以降は7億円で安定する企業があったとしよう。この場合、割引率を5%とすると、この企業の現在価値はいくらになる？

後輩　そうですね。まずは1年後のフリーキャッシュフローが1億円でしょう。この現在価値は1億円を105%で割って9500万円ですね。次に2年後の3億円は、105%の2乗で割ると2億7200万円。最後の3年目の5億円は、105%の3乗で割るから4億3200万円となります。

先輩　ということは、予測財務諸表に基づくフリーキャッシュフローの現在価値は、9500万円と2億7200万円と4億3200万円を足して7億9900万円、つまり約8億円になるな。

後輩　4年目以降は7億円のフリーキャッシュフローが続きますから、永久年金の公式を利用して7億円を5％の割引率で割れば、4年目時点の現在価値が求められますね。そうすると140億円ですか。

先輩　そう。今お前が求めたのは4年目の現在価値だから、現在の価値に引き直すには1 0 5％の4乗で割る必要がある。計算すると、4年目以降のフリーキャッシュフローは1 1 5億円ということだ。

後輩　そして、最終的に求められる企業価値は、予測財務諸表による8億円とそれ以降の115億円を足して123億円ということになるんですね。

先輩　そういうこと。

後輩　でも、先輩。今回は割引率として5％という数字を使いましたが、この割引率はいつも5％になるんでしょうか？

先輩　うん。実はな、この割引率には加重平均資本コスト、すなわちWACCを利用するんだ。

後輩　WACCっていうと、企業が資金調達をする際に必要なコストでしたね。

先輩　そう。WACCというのは資本構成によってそのつど変わってくるものだけど、ここでは将来にわたって一定だという前提の元で割引率として利用するんだけどな。

後輩　でも結構、このフリーキャッシュフローを割り引いて企業価値を求める方法は煩雑ですね。もっと簡単に企業価値を求める方法ってないものなんですかね。

先輩　数字オンチのお前にとっては、ちょっと高度すぎたかな。それならお前でも簡単に企業価値を計算できる、とっておきの方法を

教えてやろう。

後輩　なんだ。そんな簡単な方法があるんだったら、早くその方法を教えてくださいよ。

先輩　**相変わらず、教わる身にもかかわらず高ビーだな。まあいいか。簡単な方法っていうのはな、企業の利益と同業種のＰＥＲを使って企業価値を算出する方法のことなんだ。**

後輩　利益とＰＥＲ？

先輩　**そう。ＰＥＲっていうのはPrice Earning Ratioの略で、株価を1株当たりの当期利益で割ったもの、つまり株価が1株当たりの利益の何倍に当たるかを示した指標なんだ。**

後輩　このＰＥＲをどのように利用するんですか？

先輩　**ＰＥＲは分子に株価、分母に1株当たりの当期利益で求められるけど、この分子と分母にそれぞれ発行済み株式数を掛け合わせても、ＰＥＲは変わらないだろう。**

後輩　そうですね。分子と分母に同じ数を掛けても、分数ですから結果は同じですね。

先輩　**そうするとＰＥＲは株価に発行済み株式数を掛けたもの、すなわち株主資本価値を当期利益で割ったものともいうことができるんだ。そこでこの式を変形すると、株主資本価値はＰＥＲに当期利益を掛けたものということができるだろう。**

後輩　だから当期利益とＰＥＲがわかれば、株主部分の企業価値を算出することができるんですね。

先輩　**そこで通常は当期利益さえ確定していれば、後は同じ業界に属する企業の平均的なＰＥＲを使って、株主部分の企業価値を算**

出することができるんだ。たとえば、当期利益が5億円で同業界の平均PERが10倍であれば、単純に掛け合わせてその企業の株主部分の企業価値は50億円ということができる。

後輩　なるほど、この方式だと簡単に企業価値を求めることができますね。

先輩　**ただ、PERで株主部分の企業価値を求める場合は、キャッシュフローではなく会計上の当期利益をベースにしていたり、一時点の当期利益を使用し、将来の利益水準が勘案されていなかったりと、いろいろな問題点があるから注意しなきゃいけないんだ。**

3 株価水準を見極めた財務戦略とは？

株式市場の上昇につられ、グングンと株価を上げていくBahoo！理想の株価を大きく上回る好調ぶりに、先輩は経営者として取るべき対応をアドバイスする。

後輩　先輩。笑いが止まらないって言うのはこういうことを言うんでしょうね。

先輩　なんだ、もったいつけて。レジでつり銭を多くもらったのか？　それともマクドナルドの割引クーポンを道端で拾ったのか？

後輩　僕の言っていることは、そんなせこいことじゃないんですよ。実はですねえ、最近の株式市場の上昇につられて、我が社の株も理想の株価を大きく超えて取引されているんですよ。

先輩　そうか。株価っていうのは必ずしもその企業の実態を正確に表したものじゃないからな。投資家の思惑で実態より割高になったり、割安になったりするもんだ。

後輩　そうみたいですね。そこで、今回のように理想の株価から現実の株価が乖離した場合、経営者としてはどのような対応をすればいいのか伺いたいんですけど。

先輩　ああ、たとえば経営者は自社の株価が予測に基づいて算出した株価よりも過大に評価

されて割高になっている場合は、増資によって株式市場から資金を調達すればいいんだ。

後輩　株価が割高ですから、株式市場から同じ株数でより多くの資金を調達するチャンスなんですね。

先輩　**そう。それとは逆に、自社の株価が理論株価よりも過小に評価されて割安になっている場合は、自社株を市場で買入消却して財務レバレッジを高めていけばいい。**

後輩　適切な株価の水準を経営者が認識することで、市場の株価水準に合わせて機動的な財務戦略を実施することができるんですね。

先輩　**そうだな。じゃあ、ここで具体的な例を挙げながら、その機動的な財務戦略を見ていくことにしようか。たとえば、お前の会社のフリーキャッシュフローがこの期末で1億円あったとしよう。このフリーキャッシュフローは毎年2%ずつ永遠に増加していくと予測している。また計算したところ、お前の会社の加重平均資本コスト、つまりWACCは7%で将来にわたって一定だと仮定すると、企業価値はいくらになる？**

後輩　えーと。この場合フリーキャッシュフローが永遠に2%ずつ増加していくということですから、割り増し永久年金の公式で現在価値を求めることができますね。割り増し永久年金の公式は、1年目のキャッシュフローを、割引率から成長率を引いたもので割るってことでしたから、1億円を5%で割って20億円ですね。

先輩　**よく覚えてたな。確かにこの場合は20億円が企業価値となるな。ただこの企業価値は**

株主部分だけでなく、債務部分つまり債権者も含めた価値になるから、ここから負債の価値を差し引く必要があるんだ。通常、この負債は有利子負債から現預金などの短期で現金に換わる資産を差し引いた純有利子負債が利用されるから、たとえば純有利子負債を5億円とすると、株主資本の価値は20億円から5億円を引いて15億円となる。

後輩　株主資本部分の企業価値が15億円と算出されれば、後は発行済み株式数がわかれば理論株価が求められますね。

先輩　そうだな。たとえば、発行済み株式数が100万株だったらどうなる？

後輩　発行済み株式数が100万株ということは、株主資本部分の企業価値15億円を100万株で割ると1500円ということになりますね。

先輩　この場合、理想の株価は1500円ということになるから、市場の株価が1500円を大きく上回って、たとえば2400円の水準で推移している場合はどうすればいいのかな？

後輩　1500円を大きく上回るということは、市場で自社株があるべき株価よりも高く評価されているということですから、資金調達の必要があれば増資を行って、同数の株式数でもより多くの資金を調達するチャンスと言えますね。

先輩　逆に市場の株価が1500円を大きく下回って、たとえば950円水準だったらどうする？

後輩　この場合は自社のあるべき株価水準から大きく乖離して、市場で低い評価を受けているわけですから自社株式を市場で購入し、買入消却を実施すべきですね。

先輩　**そうだな。経営者とすると常に自社の株価がどのような水準にあるべきかを理論的な株価算出で把握することによって、増資や自社株購入などのファイナンス的な行動を取る際の指針とすることができるんだ。また、理想の株価を、ファイナンス理論を背景にして求めることにより、短期的な株価の変動に一喜一憂することなく、長期的視野で株価を理想の水準に持っていく戦略を立案し、遂行することが可能となるんだよ。**

経営者たるもの…
理想の株価を知らなければいかん!!
ゴオオオ
株価が高ければ…
株を発行して資金調達！
株価
0
ゴオオオオ
株価が低ければ…
自社株の購入!!
株価
0
ゴオオオオ
そして、株価が理想なら…
寝てま～す!!
ズコーッ!

第8章 M&A

現代のビジネスはスピードが命です。そのスピード経営を実現するために注目を浴びている手法がM&A。企業はM&Aを活用することにより、一から築かなければいけないビジネス基盤を短期間のうちに築くことが可能になります。M&Aの目的としては様々な理由が挙げられます。最先端の技術を手に入れるため、販売先を確保するため、優秀な人材を手に入れるため、不動産や現金など魅力ある資産を手に入れるためなどケースによって異なりますが、M&Aは、築き上げるには時間のかかる資産を一気に手に入れる手法として、今では多くの企業が採用しています。

一般的にはM&A後の事業効果を高めるために、買収元、買収先企業による話し合いによってM&Aがまとまる友好的なM&Aが主流ですが、2005年にライブドアが市場外取引によってニッポン放送の株式を大量取得し、経営権の奪取を目指したような、買収先の同意を得ない敵対的M&Aも起こり得ます。これらの敵対的M&Aは買収先の資産を目当てに実行に移される場合もあり、成功すれば買収先の資産が切り売りされるという最悪の事態も想定されます。

このような敵対的なM&Aに対し、最近では「ポイズン・ピル」や「ゴールデンパラシュート」など、事前に敵対的M&Aに対する魅力を低減する対策を導入する企業も、徐々にではあるが増えてきています。

この章では、実際にM&Aがどのようなプロセスで実施されていくのかを前半で解説し、後半では敵対的M&Aに対する防衛方法などを学んでいきます。

1 M&A実施のプロセスとは?

上場後、堅実な経営で快進撃を続けるBahoo!
その潤沢な資金を背景に
今度はM&Aでさらなる成長路線を目指す。
果たして後輩の野望は成就されるのか?

後輩 先輩、このところ何をやっても当たっちゃって、資産が貯まっていく一方ですよ。いやー、自分の神がかり的な経営センスには惚れぼれしちゃいますね。

先輩 **しかし、本当にお前のような社長でもうまくやっていけるなんて、本当に信じられないよな。ほらボクシングでも言うだろう。ボクサーは名セコンドなしでは勝つことができないって。それと同じで、俺あっての偉業とも言えるな。**

後輩 相変わらず素直に褒めることができないんですね。

先輩 **えっ、何か言ったか?**

後輩 いえ、こちらの話です。ところで、この上場で潤沢な資金もできましたし、業績も順調に推移していますから、そろそろ新規事業を始めようかと思っているんですが。

先輩 **そうだな。企業が成長していくためには新規の市場に参入するか、新規の事業を始め**

る必要があるからな。ところでお前は、アンゾフの製品市場マトリックスって知っているか？

後輩　アンゾフの製品市場マトリックスですか？　**モロゾフ**のチョコレートや**キアヌ・リーブス**の『**マトリックス**』なら知っていますけど。特にキアヌ・リーブスの『マトリックス』はかっこよかったですね。僕も黒ずくめの衣装にサングラスでネオの真似をしたものですよ。

先輩　**お前が黒ずくめの衣装を着ると、まるで焦げたチャーシューって感じだな。まあ、今回のマトリクッスは映画の『マトリックス』じゃなく、企業が新規事業を始める際に、製品と市場を軸に事業の展開を考えていくツールなんだよ。たとえば、製品の展開は既存製品と新製品に分類することができるだろう。同じように、市場は既存市場と新市場に分類することができるんだ。アンゾフの製品市場マトリックスでは、この四つのパターンを組み合わせてどのような対策を行えばいいか、一目瞭然で判断できるっ**

モロゾフ
1931年設立された神戸に本社を構える洋菓子製造販売業者。チョコレートやキャンディなどの洋菓子や喫茶・レストラン業務も行う。バレンタインデーにチョコレートを贈る習慣を定着させた企業としても有名。

キアヌ・リーブス
ハリウッドのトップスター。1994年の『スピード』での好演で一躍スターダムにのし上がる。1999年の『マトリックス』では主人公のコンピュータプログラマー・ネオを演じ、世界的な大ヒットを記録する。

マトリックス
1999年に公開されたキアヌ・リーブス主演の近未来アクション映画。アカデミー賞で編集賞、視覚効果賞、音響賞、音響効果賞の4部門を受賞する。世界的な大ヒットを記録し、2003年には続編の『マトリックスリローデッド』『マトリックスレボリューションズ』が公開された。

ていうことなんだ。

後輩　四つの組み合わせというと「既存製品を既存市場で販売するパターン」、「既存製品を新市場で販売するパターン」、「新製品を既存市場で販売するパターン」、そして「新製品を新市場で販売するパターン」ということですね。

先輩　そうだ。アンゾフの製品市場マトリックスを利用すれば、その四つのパターンそれぞれに企業が取るべき対応が簡単にわかるんだ。

後輩　それぞれどんな対応になるんですか?

先輩　まずは既存製品を既存市場で販売する場合、事業を拡大するには「市場への浸透」を図るという戦略が採用される。

後輩　既存市場でいかにマーケットシェアを上げていくかが事業拡大のキーポイントになるということですね。

先輩　そう。そして既存製品を新市場で販売する場合は「新製品開発」をしなきゃいけないし、新市場で既存製品を販売する場合は「新市場の開拓」、新市場で新製品を販売するには「多角化」という経営戦略を採用する必要があるんだよ。

後輩　企業とすると事業を拡大していく際に、ただ単に既存の市場で既存商品のマーケットシェアを上げていくだけではなく、他のいくつかの選択肢があるというわけですね。

先輩　そうだな。加えて自社がゼロから拡大していくということもできるけど、M&Aという手法を使って一気に事業を拡大することも可能なんだ。

後輩　M&Aですか。日本でも最近はだいぶ一般化してきた手法ですね。特にＩＴベンチャーなどはM&Aを駆使して急速に事業を拡大してきましたよね。

先輩 **ああ、大体今のビジネスは昔に比べると目まぐるしく環境が変化しているから、スピードが重要なんだ。そのような意味からM&Aは「時間を買う」手法としてとても有効な戦略と言えるんだぜ。**

後輩 「時間を買う」ですか。もともとある程度先の見えている事業を買収するわけですから、リスクもある程度軽減できそうですね。うちの会社も資金は潤沢にあるし、成長を加速させるためにもM&Aを検討する必要がありそうですね。ところでM&Aって、どのようなプロセスで進められるんですか？

先輩 **M&Aにはいくつかのステップがあるんだが、まずは買収戦略の明確化から始めるんだ。それからターゲット企業の選定、交渉、基本合意書の作成、詳細調査の実施、買収契約の締結、そしてクロージングというのが一般的な流れになる。**

後輩 いろいろあるんですね。

先輩 **ああ。M&Aっていうのはまず M&Aありきから始めるんじゃなくて、自社の経営戦略上、今後の事業展開を検討した時に、自社でゼロから始めるべきか、企業買収を行って一気に事業を拡大すべきかという戦略の検討から始めるんだ。**

後輩 必ずしもM&Aがどのような場合でも最良の選択とは限らないってことですね。経営戦略を策定する際に、目標の達成には自社のリソースよりも外部のリソースを活用した方がリスクが軽減できたり、成長を加速度的に早めることができたりするようであればM&A戦略を検討するということですか。

先輩　**そうだな。そのような戦略上M&Aが必要と判断されれば、次は買収候補を探す作業に移るんだ。リサーチして最適の候補先が見つかれば、次に相手先と交渉し、買収価格や買収条件など買収提案にお互いがある程度合意できた段階で基本合意書を締結する運びとなる。**

後輩　合意書を取り交わしたとしても、ここでM&Aが終了するわけではないんですね。

先輩　**ああ、ここまでは買収しようとする企業を外から眺めて調査していたんだけど、中から調査すると違った面が現れてくることもあるだろう。たとえば、M&Aっていうのは人に例えたら結婚と同じだから、ある程度外見が美人だからという理由で結婚を決めたとしても、内面つまり性格が悪ければ破談ってこともあり得るだろう。**

後輩　そうですね。結婚の場合は特に最初は猫をかぶっていることが多いから、一緒に暮らし始めて性格の不一致から離婚なんてことも多々ありますよね。

先輩　**M&Aっていうのは多大な労力や資金を投入するから「失敗しました。はいそうですか」では済まされないものなんだ。だから、そのような最悪の事態を避けるためにも外部からだけでなく、内部の協力を得て、ビジネス面だけでなく法律面や財務面など、事細かな調査を行う必要がある。このような詳細な調査を経て再度、買収価格や買収条件などの修正を行っていくんだよ。**

後輩　基本合意書で合意した条件はあくまでも

仮であって、詳細調査を行った上で最終的な売買契約を締結するわけですね。

先輩　そう。そしてこの買収契約書が締結されれば、後は買収資金を支払って登記などの届出を行えばM&Aは完了という運びになるんだ。

後輩　M&Aは完了しても、効果を上げるかどうかは買収を行った企業の経営者の腕の見せ所というわけですね。早速僕も経営戦略を策定して、M&Aの可能性について検討してみますよ。

2 買収戦略を策定するには?

M&Aに対して勢い勇んでみたものの、全く知識のない後輩。結局は夜の接待と引き換えにまたまた先輩に頼ることに……。

後輩　先輩、M&Aの可能性について検討しようと思ったのはいいんですが、何せ今回が初めてのことだし、専門家からアドバイスいただけるとありがたいんですが。

先輩　なんだなんだ、あんなに張り切って宣言していたから、てっきり今回は自分の力でどうにかすると思っていたけど、やっぱり俺におんぶにだっこか。まるでドラえもんに頼りっきりののび太みたいだな。

後輩　まあ、そんなことをおっしゃらずに、いつものように頼みますよ。

先輩　しょうがない。俺の時給は高いから、今夜は銀座で綺麗なおねーちゃんのいるところで接待してもらうぞ。

後輩　今回のM&Aがうまく行けば、それくらいは安いものですからね。

先輩　ダン！　そういう話なら懇切丁寧に教えて進ぜよう。

後輩　全く調子がいいんだから……。それじゃあM&Aって、どういうことから始めればいいんですか？

先輩　**前にも説明しただろう。M&Aはまずは買収戦略を明確化することから始まるんだ。まあ、買収戦略を明確化する前にはまず経営戦略をはっきりとさせなきゃいけないんだけどな。ところでお前の会社のビジョンは何だ？**

後輩　はい、インターネットのポータル事業でNo.1になることです。

先輩　**経営者の能力の割にでっかい夢を持ってんな。まあ、経営戦略はその戦略目標を達成するための方法を考えていくことになるんだ。**

後輩　具体的にはどうすればいいんですか？

先輩　**ああ、そのようにはっきりとビジョンが決まっていれば、まずは外部環境と内部環境を分析することから始めるといい。**

後輩　どのような環境分析を行う必要があるんですか？

先輩　**たとえば、外部環境においては業界における競争要因や自社のポジション、業界の将来性や新規事業の可能性などについて詳細**

ドラえもん
藤子・F・不二雄原作の漫画『ドラえもん』の主人公。22世紀から現代にやってきたネコ型ロボット。ネコ型ロボットなのにドラ焼きが好物でねずみを天敵とする。

のび太
漫画『ドラえもん』の中の主人公の一人。ドジでのろまで勉強ができない小学生。困ったことがあると、すぐにドラえもんの便利な道具に頼って解決しようとする頼りない面がある。

ダン（Done）
“取引成立”という意味の金融界専門用語。

に調査していくんだ。

後輩　そうですか。現状、うちの会社はポータル事業で5番手といったところですからね。これらの競合相手の動向や今後のマーケットポテンシャルなどについて調査していけばいいってことですね。

先輩　**そのような外部環境の分析と同時に自社分析も行う必要があるんだ。自社分析では自社の強みや弱み、自社の核となる事業分野など、外部環境分析で調査した競合の特徴と比較するために、できる限り客観的に情報を収集する必要があるんだよ。**

後輩　現在、うちは高齢者に特化したポータル事業を行っていますからね。特にインターネット初心者に使い勝手のいいポータルというのは強みになりますね。弱みは高齢者のインターネット利用率は決して高くないですから、Ｙａｈｏｏ！などインターネット利用者全般を対象にしたポータルサイトとはマーケットの大きさが違うところですかね。

先輩　**そのような強みと弱みを踏まえた上で今後どのようにして戦略目標であるインターネットポータルでNo.1を目指していくかっていうことだ。**

後輩　そうですね。うちのメインのユーザーは高齢者じゃないですか。現状インターネット企業のトップはオンラインでの金融事業が収益の柱になっているんですけど、我が社もこのオンライン金融事業に参入して高齢者の資金運用をサポートしていこうと考えているんです。

先輩　**そうだな。高齢者の貯蓄は若者に比べて非常に高い水準だから、高齢者に特化した金**

融事業も面白いかもな。そうすると、その金融事業に参入するに当たって自社のリソースを使ってゼロから事業を起こすか、M&Aで事業そのものを買収して一気に拡大するかという選択のオプションが考えられるな。

後輩　うちの会社には金融のノウハウもないし、自社でゼロから始めるには時間もかかると思いますし、将来的に成功するとは限らないのでリスクもありますね。

先輩　そうするとやはり、M&Aでお前の会社とシナジーが活かせる企業を買収した方がインターネットでNo.1になるという戦略的目標を達成する近道ってことになるな。

3 M&Aターゲット企業を選定するには？

買収先の選定で紛糾するBahoo!の取締役会。M&Aのターゲットを絞るために買収候補先の入念な調査を行うことに……。

後輩 先輩、M&Aによる事業拡大を決定したのはいいんですが、役員の間であーでもない、こーでもないと買収先の選定が全く進まないんですよね。

先輩 **お前の会社はすずめの学校か？　それでよく上場企業として務まってるな。変な意味で感心するよ。大体ターゲットとなる企業のスクリーニングは終わったのか？**

後輩 企業のクリーニング？　勘違いしないでくださいよ。狙いはあくまでもオンライン金融機関で、クリーニング屋じゃないですよ。

先輩 **あのねぇ、俺の言っているのはスクリーニング。ターゲット企業を絞り込むんだ。**

後輩 なんだ。対象企業の絞り込み作業のことですか。日本人ならちゃんと日本語を使ってくださいよ。

先輩 **今時、スクリーニングなんてのはビジネスパーソンとして初歩的な共通言語だぜ。この対象企業の絞り込み作業では、「M&A**

戦略の方針に沿った企業か？」「買収の可能性はあるのか？」「M&Aでシナジーは発揮されるのか？」というような観点から絞り込みを始めるんだ。

後輩　なるほど、なるほど。それから次のステップはどうなります？

先輩　まずはそのような買収候補先のロングリストを作成することから始まるんだ。

後輩　ロングリスト？

先輩　ロングリストっていうのは、特定の業種の中で買収対象として可能性のある企業をピックアップしてリスト化していく作業のことなんだ。

後輩　ということは、この時点では可能性が少しでもあれば対象としてリスト化し、極力多くの買収対象先を選定していくことになるんですね。

先輩　そう。会社の売上高、利益水準、ブランド価値、商品やサービスの品ぞろえなどの概要を調査し、この段階では幅広く候補としてリストに載せていくといいよ。

後輩　そのロングリストができ上がったら、今度は何をすればいいんですか？

先輩　次はショートリストの作成に移るんだ。ショートリストっていうのは、ロングリストを元に有望な買収対象先を上位数社に絞り込んだリストのことなんだよ。

後輩　でも、どのようにして有望な買収対象先を絞り込めばいいんですか？

先輩　ああ、たとえばさっき言ったような売上や利益などの要素に自社の優先順位に基づいて点数付けを行い、点数の高い企業を有望な対象先としてピックアップするんだよ。

後輩　まさか売上と利益だけで対象先を選定す

るってわけにはいきませんよね？

先輩　**当たり前だ。M&Aっていうのは成否によって会社の根幹を揺るがしかねない重要な問題だから、入念な調査が必要になるんだよ。だから売上や利益という財務面ばかりでなく、経営面や人事面、マーケティング面など多面的な分析が必要不可欠なんだよ。**

後輩　たとえば経営面で言えば、会社の成り立ちや経営者の顔ぶれ、株主、関連会社などを調べる必要がありますし、人事面では労使の関係や給与水準、人事制度などが調査の対象となりそうですね。

先輩　**そうだな。それからマーケティング面では顧客分布や市場での競争力、販売チャネルなどが調査対象となる。**

後輩　ところで、このような多くの情報をどうやって入手することができるんでしょうか？

先輩　**対象が上場企業であれば有価証券報告書という企業の事業内容を詳しく説明したレポートが毎年決算後に発行されるんだ。それ以外でも今ではインターネットのホームページで会社の概要や取り扱い商品など公開しているから、参考になると思うよ。**

後輩　上場もしてなくて、ホームページで詳細な情報を公開していない企業は情報を入手するのに苦労しそうですね。

先輩　**そのような場合は帝国データバンクなど民間信用機関の報告書を購入したり、今ではM&A専門機関が調査を引き受けているから、対象企業が絞り込めれば、このような専門機関に依頼するのも一つの方法なんだ。**

後輩　このようなステップを踏んでM&Aの対

象となる企業を数社に絞り込んでいくわけですね。

先輩　そう。そして対象が数社に絞り込まれた段階で、先方に買収意思を確認する次のステップに入るんだ。この段階ではM＆Aの情報というのは特に秘匿性の高いものだから、双方で秘密保持契約を結んで話し合いを開始する。

後輩　そうか。たとえばM＆A情報が事前に漏れたら競合から邪魔が入る可能性もありますしね。万が一のことを想定して、法律上効果のある契約書を交わして交渉を開始する必要があるんですね。

4 M&Aで基本合意に達したら？ ——レター・オブ・インテント

…というわけなんだ ごめん、住友子
うそつき！ UFJのうそつき!!
わ〜ん！

買収先の選定も何とか進み、次のステップへ移ろうとするBahoo！だが後輩はまだまだ先が長いことに気づかされる。果たして無事にM&Aは完結するのか？

後輩　先輩、どうにかこうにか役員の間でも買収先の選定が順調に進んで、あともう少しで決定というところまで漕ぎ着けましたよ。

先輩　そうすると、そろそろレター・オブ・インテントを交わす時期かな？

後輩　**インリン・オブ・ジョイトイ**？　あのグラビアアイドルですか？

先輩　あのねぇ、レター・オブ・インテントとインリン・オブ・ジョイトイじゃあ、真ん中のオブしか一致してないだろう。

後輩　あっ、本当だ。へへへ……。

先輩　まあいいや。レター・オブ・インテントっていうのはM&Aに双方が基本的に合意した時に交わされる基本合意書のことなんだ。

後輩　基本合意書？

先輩　そう。買収元の企業と買収先の企業が交渉を重ねた結果、ある程度の合意に達したところで、このレター・オブ・インテントを

交わして基本的事項をお互いに確認しあうんだ。

後輩　そのレター・オブ・インテントにはどのような項目が含まれるんですかね？

先輩　まず重要なのは買収価格だ。ただ、気をつけなきゃいけないのはこの買収価格は概算価格であって、最終的な価格ではないっていう点だ。

後輩　どうして最終価格ではないんでしょうか？

先輩　買収先の調査をしたといっても、それは外部資料に基づいての調査だから必ずしも正確な金額を算出できたわけではないからさ。正式に価格を決定するには先方の協力を得て、より詳細に調査する必要があるんだ。

後輩　そうですね。M&Aの買収価格は子供の小遣いとは桁違いの額ですから、基本合意に達した後でもさらなる慎重な調査が必要になるんですね。

先輩　そういうことになるな。レター・オブ・インテントでは買収価格の他にも買収方法や

インリン・オブ・ジョイトイ
台湾出身のグラビアアイドル。現在は日本で主に芸能活動を行っている。プロレスイベントの『ハッスル』ではプロレスラーとしても活躍し、東京スポーツ新聞社主催の『2005年度プロレス大賞』では『プロレス話題賞』を受賞している。

買収代金の支払方法、詳細調査の範囲、買収完了までのスケジュール、交渉期間中の第三者との売却交渉の禁止などが盛り込まれるんだ。

後輩　今先輩が言ったような項目一つ一つに、双方がレター・オブ・インテントを交わして合意することにより、誤解をなくしてスムーズに買収まで運んでいく道筋を立てることができるんですね。

先輩　そうだな。お互いに文書で条件を確認することによってそれぞれの立場が明確になり、取引に矛盾がないかとか交渉事項に漏れがないかどうかなどをチェックすることもできるしな。

後輩　ただ、基本合意書を交わすことによって双方にかなりの拘束力が発生するから注意が必要になりますね。

先輩　基本合意書は後々の最悪の状況まで考えて締結しておかないと、いろいろと面倒なことになるんだ。たとえば旧ＵＦＪ銀行と住友信託銀行の基本合意書をめぐる裁判なんかいい事例だよ。ＵＦＪ銀行と住友信託銀行は信託部門の統合に関して基本合意書を交わしたんだけど、その後ＵＦＪ銀行が心変わりして旧東京三菱銀行との合併を選んだんだ。住友信託銀行はこのＵＦＪ銀行の対応を不当として、裁判所に統合交渉の差し止めを求める仮処分と統合白紙化による損害賠償の申請を行ったんだ。

後輩　それで結局はどのような結果になったんですか？

先輩　最高裁判所まで判決はもつれたんだけど、最終的には基本合意書の法的拘束力は認められたものの、東京三菱とＵＦＪの合併差

し止めや損害賠償までは認められなかったんだよ。

後輩　いずれにしろ、基本合意書を交わした後で条項に違反すると裁判など面倒なことになるということですね。

先輩　そうだな。ただ、通常はこの基本合意書を交わすということは売り手と買い手が信頼しあって良好な関係を保つ証とされている。買い手側はこの基本合意書で売り手側に誠意を表し、売り手の協力を得て次のステップである詳細調査に進んでいく必要があるからな。

ミスターUFJ
私とつきあってください
もちろんだよ！
住友子♡
ジャパニーズガール！プリティ♡
UFJ、私との約束はどうなったの？
お〜っ!!
東京三子
私はあなたが大好きー!!
ゴージャス！
…というわけなんだ
ごめん、住友子
うそつき！
UFJのうそつき!!
わーーん！
来週はいよいよ最終回！

5 買収先企業を調査するには？——デューデリジェンス

基本合意したあとにそんな事件や事故が明るみになってみろ
しみ　じみ
それまでの努力が全て水の泡だぞ

中堅どころのオンライン証券とM&Aの基本合意書を交わしたBahoo！今度は内部からの調査を慎重に進めていくのだが……。

後輩　先輩、ようやく対象先を1社に絞り込んで基本合意書の締結までできましたよ。GB証券という中堅どころのオンライン証券会社なんですが、顧客層も高齢者が大半を占めているので、うちの会社とシナジーを活かせそうです。

先輩　そうか。とうとうそこまで漕ぎ着けたか。じゃあ、次はデューデリジェンスだな。

後輩　デューデリジェンスと申しますと？　インテリジェンスの親戚か何かで？

先輩　馬鹿なことを言ってんじゃないよ。デューデリジェンスっていうのは、買収先の詳細な調査を行うことなんだ。

後輩　そういえば基本合意書の締結の後は、詳細な調査を行う必要がありましたね。デューデリジェンスって一体どんな調査を行えばいいんですか？

先輩　デューデリジェンスでは買収先企業のビジネス面や法務、財務面など広範囲な分野を相手の協力を得て詳細に調査していくん

だ。たとえば、ビジネス面からの調査はビジネス・デューデリジェンスと呼ばれて、買収先のビジネスの現状や将来性、顧客層や仕入先の情報、販売チャネル、技術力、経営陣、従業員の質などビジネスに関する幅広い情報を調査して分析するんだ。

後輩　このビジネス・デューデリジェンスではどのようなことがポイントになるんですか？

先輩　そうだな。自社とシナジーを活かせる顧客層を抱えているか、業界で競争力はあるか、従業員の生産性は高いか、将来性はあるかなどが重要なポイントになってくる。

後輩　ビジネス面は事業の将来性に関わってくる問題ですから慎重な調査が必要ですね。

先輩　次の分野は法務面で、リーガル・デューデリジェンスと呼ばれているんだ。これは、たとえば現在係争中の事件や事故がないかとか、環境問題、独占禁止法上の問題、特許やライセンスの問題がないかなどを調査していくんだ。

後輩　最近は企業が法律を厳格に守ることが声高に叫ばれていますから、この調査も慎重にすべきですね。えーと、何でしたっけ、コッペパンでしたっけ？

先輩　お前の言いたいのはコンプライアンスだろ。最近は企業が法を犯してまで利益追求に走っているケースもあるから、この法令が買収先企業で遵守されているかどうかは非常に重要な調査事項になるな。今では裁判沙汰になると賠償金も高額化しているし、ブランドに傷がつくなど企業にとっては由々しき問題になるからな。そして次、デューデリジェンスの最後となるのが財務

分野の調査なんだ。

後輩　第三の分野が財務分野になるわけですね。

先輩　そう。財務分野の調査はファイナンシャル・デューデリジェンスと呼ばれて、財務諸表から売掛金や在庫、固定資産の評価、税務関係、事業計画の妥当性などを検討していくことになる。

後輩　このファイナンシャル・デューデリジェンスのポイントはどのようになりますか？

先輩　不良債権や不良在庫、簿外債務の有無や偶発債務の可能性などを調査することだ。

後輩　バブル経済崩壊後は、特に不良債権問題なんかがクローズアップされましたから、そこらへんは入念に調べた方がいいですね。

先輩　そうだな。このようなデューデリジェンスを通して、外から見えなかった買収先企業の問題点を一つ一つ洗い出していくんだ。

後輩　事前の調査と比較して、当初の計画通り買収しても大丈夫なのかどうかを最終的に判断する情報を収集していくということですね。

先輩　そのような内部情報を元にして、買収価格も最終決定することができるようになるんだ。デューデリジェンスを通じて問題が発見されれば、その分の価格を最終価格に反映させることになる。

後輩　なるほど。そのような問題点が発見されれば、最終的な売買契約書作成の際に条件を盛り込んで契約に至るというプロセスになるんですね。

先輩　そう。そしてこのデューデリジェンスでは先方の協力の下、かなりの情報を得ること

ができるから、買収後の経営計画を立てることも忘れちゃいけないんだ。

後輩　M&Aって企業を買収することが目的じゃなく、その後自社とのシナジーを活かした経営が重要ですからね。このデューデリジェンスの段階で詳細な情報を収集してM&A後の経営を描くことも、この調査の重要な目的の一つになるんですね。

先輩　**ああ。企業はモノではないから、ただ単に買収するだけで効果が上がるということはありえないんだ。買収後、どのように経営するかで成果が大きく違ってくるから、失敗しないためにも、慎重に調査しなきゃいけないな。**

6 現金ゼロでM&Aを行うには?　——LBO、アクイジション・カレンシー

M&Aもいよいよ大詰め。ところが大問題が発覚！なんとM&A資金が足りないことが判明したのだ。先輩はこのピンチを乗り越えるべく資金の要らない方法を伝授するのだが……。

後輩　先輩、いよいよM&Aも大詰めに来たんですが、ここでちょっとした問題が発生してきたんですよ。

先輩　どうした？　株主はお前の真の能力に気づいて、社長解任要求でも提出したのか？

後輩　いえいえ。**ヒロシ**風に言うとこんな感じですかね。「ヒロシです。企業を買収したいのにお金が足りんとです……」

先輩　暗い話だな。まあ、お前のない頭でいろいろと考えたって答えは出ないだろう。

後輩　ちょっと！　ちょっとちょっと〜！　じゃあ、先輩にはいいアイデアがあるって言うんですか？

先輩　何、今度はザ・たっちのマネなんかしてるんだ。そんな金の問題はファイナンスのプロフェッショナルに任せなさーい。

後輩　ぜひともいいアイデアをいただきたいですね。

先輩　しょうがない奴だな。このアドバイス料も結構高いぞ。

後輩　また、接待と称してキャバクラにお連れしますから。

先輩　そうか、いつも悪いな。それじゃあ、かわいい後輩のために俺が一肌脱ぐことにしよう。M&Aに関しては、現金を用意せずに買収資金を調達できる方法がいくつかあるんだけど、まずはレバレッジド・バイアウト（LBO）という手法を伝授しよう。

後輩　レバレッジド・バイアウトですか？　これまたかっこいい名前ですね。このレバレッジド・バイアウトでは一体どんな方法を使って現金なしで買収を行うことができるんですか？

先輩　レバレッジド・バイアウトっていうのは、買収先の企業の資産や収益力、キャッシュフローを担保にして資金を調達し、その資金でM&Aを実施する手法のことなんだ。

後輩　ということは、自分で資産や資金を持っていなくても、買収する企業の価値を担保にして資金を借りられるっていうことですか？

先輩　そういうことになるね。少ない自己資金で

ヒロシ
自虐ネタを得意とするお笑いタレント。哀愁漂うミュージックをバックに『ヒロシです…』から始まる芸風で人気爆発。ネタを収録した書籍『ヒロシです。』は30万部を超えるベストセラーに。続編『ヒロシです。2』（共に扶桑社刊）も発売8日で12万部を突破するなど人気お笑いタレントの一人。

レバレッジド・バイアウト（LBO）
買収先の資産や収益力などを担保に資金調達しM&Aを実施する手法。資金がなくても企業買収できるメリットがある。調達した資金の返済には、買収先の資産売却や事業キャッシュフローから行われる。

ザ・たっち
兄たくや、弟かずやの双子によるお笑いコンビ。母親があだち充原作のマンガ『タッチ』のファンだったことにより、主人公の双子の兄弟にちなんで命名される。

大きな取引を成立させるからレバレッジド（てこの作用）って呼ばれるんだ。

後輩　でも、お金を借りるってことは、いずれはそのお金は返さなきゃいけないでしょう？　資産も資金もないのに、どうやって借入れを返済するんですか？

先輩　おっ、鋭い質問だね。その原理はこうだ。レバレッジド・バイアウト、つまりＬＢＯでは、借入れの返済は買収先企業の資産を売却したり、買収先企業の事業キャッシュフローから返済していくことになるんだ。

後輩　ふーん。そうするとＬＢＯではより厳格な買収先企業の資産査定やキャッシュフローの計算が必要になってくるというわけですね。

先輩　そういうこと。それからこのＬＢＯの仕組みだけど、ＬＢＯはまず第一段階として、買収を仕掛ける企業がＬＢＯファンドなどの機関投資家に投資してもらって、シェルカンパニーを設立することから始まるんだ。

後輩　シェルカンパニー？

先輩　そう。シェルカンパニーっていうのは実体のないペーパーカンパニーで、買収のためだけに設立される会社のことなんだ。このシェルカンパニーがＭ＆Ａの資金調達を担うことになるんだよ。

後輩　ということは、ＬＢＯファンドなどの機関投資家の投資がすべてのＭ＆Ａ資金ということではないんですね？

先輩　そうだな。通常、機関投資家の出資金は10〜20％程度に過ぎないんだ。残りは30〜60％程度が銀行借入れ、そして20〜30％が社債の発行という内訳になるんだ。この時、

シェルカンパニーが発行する社債は「ジャンクボンド」と呼ばれて、利回りが高いのが特徴なんだ。

後輩　そりゃ実体のない会社の債券なんてリスクが高くて、利回りを高くしなきゃ誰も欲しがる人はいないですからね。ＬＢＯっていうのは、このような仕組みで調達した資金でＭ&Ａを実施するわけですね。

先輩　**そう。ただＬＢＯでは買収後、調達した資金を返済しなきゃいけないから、まずシェルカンパニーと買収した企業を合併させて株式を非公開にするんだ。それから「クラウンジュエル」と呼ばれる魅力ある事業や資産を売却したり、買収した企業がこれから生み出すキャッシュフローで返済を行ったりするんだ。**

後輩　ふーん。そのような資金調達法もあるんですね。

先輩　**まだ他にも現金を使わずに資金調達する方法があるんだぜ。**

後輩　他の方法ってどんなものなんですか？

先輩　**株式交換によるＭ&Ａさ。**

ジャンクボンド
期日に償還される可能性が低いため、高い利回りのついた債券。ハイリスク・ハイリターンが特徴。

クラウンジュエル
買収先の魅力ある資産のこと。ライブドアによるニッポン放送株買収の際は、同社の保有するフジテレビ株というクラウンジュエルを目当てに買収が進められた。

後輩　株式交換？

先輩　そう。この株式交換は買収の対価として現金ではなく、自社株を先方に譲渡する方法のことなんだ。

後輩　自社株の譲渡？　そういえば、上場されている株式だったら現金と同様の価値がありますからね。

先輩　だろう。このように現金の代わりに利用される株式はアクイジション・カレンシー（現金支払代替株式）と呼ばれるんだ。このアクイジション・カレンシーを利用することにより、企業は外部から無理して資金調達する必要がなくなったり、調達額を大幅に削減することができるんだぜ。

後輩　そうですね。自社株をあたかも現金のように利用すれば、銀行借入れや社債発行に頼る必要もなくなるし、この手法だと資金の返済に迫られることもなくなるメリットがありますね。

先輩　この株式交換は自社株が市場で高い評価を得ている時に行うと非常に効果的なんだ。

後輩　たとえば1株100円の時と1株200円の時を比べてみると、2億円の買収価格であれば100円の時は200万株を先方に渡さなきゃいけないけど、200円の時は100万株と半分で済みますからね。

先輩　そう。たとえばライブドアなんかは問題になったけど、いろいろなファイナンステクニックを駆使して自社の株価を吊り上げ、その高い株価を背景に株式交換を利用してキャッシュを使うことなく、次々とM&Aを実施してきたのは有名だよな。

後輩　これまで、買収資金は自己資金か借入れ

しか方法はないと思っていましたが、現金がなくてもM&Aを実施する手段はあるんですね。

アクイジション・カレンシー
M&Aの際に、株式交換によって現金のように利用される株式のこと。現金支払代替株式とも呼ばれる。現金を用意することなく、M&Aを行うことができる。自社の株価が高い評価を受けている場合は、効果が高くなる。

魅力の増したBahoo!に物言う株主として数々の企業の株を買い占めてきた村雨ファンドが敵対的TOBを仕掛けてきた。果たしてBahoo!はこの危機を乗り越えられるのか？

後輩　せっ、先輩。大変です！

先輩　今度はどうした？　キャバクラでの過剰接待がマスコミにでもかぎつけられたか？

後輩　そんな悠長なことを言っている場合じゃないですよ！　ついにあの村雨ファンドがうちの会社に対してTOBを仕掛けてきたんですよ！

先輩　何？　あの物言う株主で有名な村雨ファンドが！　そりゃあほんとに一大事だな。

後輩　過半数の株主が応じて経営権が握られれば、折角順調に成長してきた僕の会社も、村雨の手に渡ってしまいますね。

先輩　そうだな。敵対的買収の対策を怠ってきたツケが回ってきたな。

後輩　そんなこと言ってないで、いつものように妙案を出してくださいよ。

先輩　それじゃあ、いくつかの敵対的買収に対抗する策を授けよう。まずは予防策としてポイズン・ピルというものがあるんだ。

後輩　ポイズン・ピル？　「毒薬」ってことで

すか？

先輩 **そう。ポイズン・ピルっていうのは「敵対的買収を受けた企業が、仕掛けた企業の株式シェアを低くするために、市場よりも低い価格で新株を発行し株主に引き受けてもらう権利を行使する」ことを言うんだ。**

後輩 ということは、たとえば今、敵対的買収を仕掛けた企業が51％の株式シェアを握ったとしても、今の株式数と同じ株式を新規発行して株主に引き受けてもらうとすると、51％の株式シェアは25．5％まで下がりますね。そうすると敵対的買収を仕掛けた企業の影響力は極端に下がるし、また再び株式シェアを上げようと思ったら莫大な買収コストが必要になるってことですね。

先輩 **そう。防衛する企業とすればそこが狙いなんだ。ポイズン・ピルによって敵対的買収者の議決権割合と持っている株の価値を下げる一方で、買収に伴う総コストを上げることができるからな。**

後輩 このようなポイズン・ピルによって買収される企業は敵対的買収者をあきらめさせたり、有利に交渉を進めることができるようになるわけか。

先輩 **ただこの手法は「毒薬」だけあって、実際に実行するに当たっては慎重にならざるを得ないんだ。たとえば買収者に著しく不利な仕組みを導入すれば、防衛企業とすると高い訴訟リスクにさらされることになるからな。アメリカでは20年前からこのような仕組みが考案されたんだけど、ほとんど実行に移されたことはないんだよ。**

後輩 つまりポイズン・ピルは核兵器と同じで、

敵対的買収の抑止力のための制度って言うことができるんですね。他には対抗策はないんですか？

先輩 **心配するな。他にも敵対的M＆Aの防衛策はいろいろある。ポイズン・ピルと同じく有名な予防策に「ゴールデンパラシュート」というものがあるんだ。**

後輩 今度はゴールデンパラシュートですか？「金の落下傘」ってことですよね？

先輩 **そう。「ゴールデンパラシュート」っていうのは、敵対的M＆Aで企業が買収された時に備えて、企業の経営陣の解任に対して巨額の割り増し退職金を払う契約を設けておくことなんだ。**

後輩 そうすると敵対的買収企業は、経営陣の解任に対して巨額の退職金を支払わなきゃいけないから買収コストが膨らみますね。経営陣にとっては、敵対的買収という危険な状態から多額のお金をもらって飛び降りるから「ゴールデンパラシュート」って呼ばれるんですか。

先輩 **そういうこと。予防策としてはこの「ゴールデンパラシュート」の他にも、全取締役が一度に選出されないように役員の改選時期をずらして部分的に選任を行う「スタッガードボード」と呼ばれるものもあるんだ。**

後輩 「スタッガードボード」は全役員の改選を避けて、敵対的買収企業に経営権を握らせない手法ですか。

先輩 **そう。それから実際に敵対的買収を仕掛けられた場合の対抗策もいろいろとあって、有名なところでは「ホワイトナイト」っていうものがあるんだ。**

後輩 ホワイトナイト？「白馬の騎士」です

か？

先輩　**うん。「ホワイトナイト」っていうのは買収をかけられた企業の経営陣が自分たちを追い出す恐れのある敵対的買収者よりも、友好的な他の企業に買収を依頼することなんだよ。**

後輩　友好的な企業、つまり「白馬の騎士」に助けを求めるってことか。そういえば、フジテレビがライブドアから敵対的買収を仕掛けられた時に、**SBI**の北尾吉孝社長がホワイトナイトとして登場しましたね。

先輩　**そうだな。どうせ経営権を握られるなら敵対的な関係にある企業よりは、友好な関係にある企業の方が安定した経営を続けることができるからな。それから、対抗策は他にも、買収をかけられた企業が逆にその企業を買収にかける「パックマン・ディフェンス」や、敵対的買収者の社会的弱点をマスコミなどを使って宣伝することによりイメージダウンを図る「ジューイッシュ・デンティスト」、法律的な障害を見つ**

SBI
SBIホールディングスは金融事業等を行う会社を傘下に持つ持株会社。もともとはソフトバンクの子会社ソフトバンクファイナンス（現、ソフトバンク・エーエム）の連結子会社であったが、2005年3月の公募増資によりソフトバンクグループの連結対象から離脱した。イー・トレード証券やモーニングスター、SBIフューチャーズなどの上場企業を子会社に持つ。

パックマン・ディフェンス
敵対的買収を仕掛けられた企業が防衛策として、逆に相手企業に買収を仕掛けること。ゲーム『パックマン』で、敵に追いかけられるパックマンがパワークッキーを食べると立場が逆転し、敵を食べることができるようになることに似ていることから名づけられた。

けて買収を阻止する「ショー・ストッパー」、買収完了までに魅力ある事業資産のほとんどを売却する「スコーチド・アース・ディフェンス」などがあるんだ。

後輩　こうして見ると、敵対的M&Aに対抗する方法もいろいろとあるものですね。さっそく試してみたいと思います。

―後日―

後輩　先輩、やりましたよ!

先輩　どうした?　敵対的買収はうまく避けることができたのか?

後輩　ええ、あれから親密な取引先を訪問して社長に事情を説明して回ったんです。すると、そのうちの1社がホワイトナイトとして名乗りをあげてくれて、村雨ファンドのTOB価格よりも高い価格でTOBを実施してくれることになったんです。お陰で友好的な安定株主ができて、僕も落ち着いて経営に専念できそうですよ。いやー、本当に今回は九死に一生を得ることができました。

先輩　それはよかった。今後は同じ目に遭わないようにポイズン・ピルなど予防策を導入して敵対的買収に備えることだな。

―その後のBahoo!は―

何とか敵対的買収を乗り切ったBahoo!引き続き、ITベンチャーの旗手として業界をリードしていく。

全くの素人からスタートした後輩だったが、先輩の適切なアドバイスのもと、ファイナンス理論を駆使して、上場企業Bahoo!の経営者としてその才能を開花させる。このコンビの快進撃でBahoo!が時価総額世界一になる日はそう遠くない…かも?(FIN)

ジューイッシュ・デンティスト
敵対的買収を仕掛けてきた企業の社会的な弱点をPRして社会的評価を下げ、買収意欲をそいでいく戦略。アメリカにおいて、アラブ資本の入った会社が歯科器具メーカーの敵対的買収を図った際の防衛策。アメリカではユダヤ人の歯科医が多く、こう名づけられた。

ショー・ストッパー
買収される側の企業が買収を阻止する法的な障害を作り出すこと。たとえば買収される企業が事前に他社のM&Aを行い、敵対的買収が行われれば独占禁止法に違反するような状況を作り出すこと。

スコーチド・アース・ディフェンス
敵対的買収を仕掛けられた企業が、事前に魅力ある資産をすべて売却し、自社を何もない状態にすること。戦争後の焼け野原にたとえて“焦土戦術”とも呼ばれる。

〈IRR法〉

投資の利回りを計算することにより、同程度のリスクのある金融商品の利回りと比較して投資の判断をする。初期投資額をCF_0、投資によって発生するキャッシュフローをCF_1、CF_2、……CF_nとすると

$$CF_0+\frac{CF_1}{1+IRR}+\frac{CF_2}{(1+IRR)^2}+\cdots\cdots+\frac{CF_n}{(1+IRR)^n}=0$$

（事例）30年間、毎年48万円のキャッシュフローを生み出す金融資産に950万円の投資をする場合のIRRは

$$-950万円+\frac{48万円}{1+IRR}+\frac{48万円}{(1+IRR)^2}+\cdots\cdots+\frac{48万円}{(1+IRR)^{30}}=0\qquad IRR=2.9\%$$

3 ポートフォリオ

〈投資の利回り〉

金融資産の利回りがP_1の確率でr_1となり、P2の確率でr_2、……P_nの確率でr_nとなる場合、そのポートフォリオの期待利回り（R）は

$R=P_1\times r_1+P_2\times r_2+\cdots\cdots+P_n\times r_n$

（事例）5%の利回りが実現できる確率が20%、10%の利回りが実現できる確率が60%、15%の利回りが実現できる確率が20%の投資案件の期待利回りは

R=20%×5%+60%×10%+20%×15%=10%

〈標準偏差〉

投資のリスク（θ）は予測される利回りのバラつきで求める

$$\theta=\sqrt{P_1\times(r_1-R)^2+P_2\times(r_2-R)^2+\cdots\cdots+P_n\times(r_n-R)^2}$$

（事例）本文中（88ページ）の投資案件のリスク

$$\sqrt{20\%\times(5\%-10\%)^2+60\%\times(10\%-10\%)^2+20\%\times(15\%-10\%)^2}=0.032$$

$$\sqrt{30\%\times(5\%-10\%)^2+40\%\times(10\%-10\%)^2+30\%\times(15\%-10\%)^2}=0.039$$

4 企業の資金調達

〈WACC〉

企業の加重平均資本コストは以下の公式で求められる

$$WACC=\frac{負債}{(負債+株主資本)}\times 負債コスト\times(1-税率)+\frac{株主資本}{(負債+株主資本)}\times 株主資本コスト$$

（事例）負債総額1億円、負債コスト5%、株式時価総額1億円、株主資本コスト8%の企業のWACCは、法人税率を30%とすると

$$WACC=\frac{1億円}{1億円+1億円}\times 5\%\times(1-30\%)+\frac{1億円}{1億円+1億円}\times 8\%$$

$$=1.75\%+4\%=5.75\%$$

5 フリーキャッシュフロー

〈EBIT〉

フリーキャッシュフローの元となるEBIT（支払金利前税引き前利益）は以下の公式で求められる

EBIT＝経常利益＋支払利息－受取利息・配当金

（事例）経常利益が6000万円、支払利息が5000万円、受取利息が1000万円の企業のEBITは

EBIT=6000万円+5000万円－1000万円＝1億円

〈フリーキャッシュフロー〉

企業のフリーキャッシュフロー（FCF）は以下の公式で求められる

FCF=EBIT×(1－法人税率)＋減価償却費－投資－運転資本の変化

（事例）EBITが1億円、減価償却費が6000万円、運転資本の変化が1000万円で、その年に工場建設費として1億円を投資した企業のフリーキャッシュフロー（FCF）は、法人税率を30%とすると

FCF=1億円×(1－30%)+6000万円－1億円－1000万円=2000万円

❶金銭の時間的価値

〈現在価値〉

n年後に受け取る現金（c）の現在価値（PV）は割引率を（r）とすると

$$PV=\frac{C}{(1+r)^n}$$

（事例）金利が5%の時、1年後に受け取る1万円の現在価値は

$$PV=\frac{1\text{万円}}{(1+0.05)}=9524\text{円}$$

〈DCF法〉

金融資産が1年後、2年後、……n年後にC_1、C_2、……Cnの現金を生み出す場合、割引率をrとすると

$$PV=\frac{C_1}{1+r}+\frac{C_2}{(1+r)^2}+\cdots\cdots+\frac{Cn}{(1+r)^n}=\sum_{i=n}^{n}\frac{Ci}{(1+r)^i}$$

（事例）耐用年数30年の投資用マンションで毎年48万円の現金収入があった場合、割引率を5%とすると投資用マンションの現在価値（PV）は

$$PV=\frac{48\text{万円}}{1+0.05}+\frac{48\text{万円}}{(1+0.05)^2}+\cdots\cdots+\frac{48\text{万円}}{(1+0.05)^{30}}=737\text{万}8776\text{円}$$

〈永久年金〉

一定額のキャッシュフロー（CF）が永久に続く場合

$$PV=\frac{CF}{r}$$

（事例）毎年48万円の現金を生涯もらい続ける金融商品の現在価値（PV）は割引率を5%とすると

$$PV=\frac{48\text{万円}}{0.05}=960\text{万円}$$

〈割り増し永久年金〉

毎年の受取額がある一定の割合で永久に増えていくキャッシュフロー（CF）の場合、成長率をg、割引率をrとすると

$$PV=\frac{CF_1}{r-g}$$

（事例）1年目に48万円の現金を受け取り、その後3%ずつキャッシュフローが増えていく場合、割引率を5%とすると

$$PV=\frac{48\text{万円}}{0.05-0.03}=2400\text{万円}$$

〈年金〉

ある一定額のキャッシュフロー（CF）が特定期間続く場合

$$PV=\frac{CF}{r}\times\left[1-\frac{1}{(1+r)^n}\right]$$

（事例）48万円のキャッシュフローが30年間続く場合、割引率を5%とすると

$$PV=\frac{48\text{万円}}{0.05}\times\left[1-\frac{1}{(1+0.05)^{30}}\right]=737\text{万}8776\text{円}$$

❷投資の評価方法

〈NPV法〉

投資が生み出すキャッシュフローの現在価値（PV）と初期投資額（I）を比較することで投資の判断をする

NPV＝PV－I

（事例）30年間、毎年48万円のキャッシュフローを生み出す金融資産に950万円の投資をする場合、割引率を5%とすると

NPV＝737万8776円－950万円＝▲222万1224円（∴投資しない）

おわりに

先輩と後輩の物語はここで終わりとなりますが、いかがでしたか?

「難しい公式が並んでいる」と、ファイナンスにアレルギー反応を起こしていた方にとっては、「なんだファイナンスって意外に簡単なんだな」と、ファイナンス理論習得に自信を持つきっかけとなったのではないでしょうか。

冒頭から申し上げているように、ファイナンス理論はビジネスに携わる方にとって今や欠かすことのできないものになりつつあります。ですから、難しいという先入観だけで諦めてしまうには失うものが大きすぎます。

そこで本書では、ファイナンスの重要な概念を盛り込んでファイナンスの全体像がスラスラと理解できるように努めました。

ただ、本書を読んで「ふ〜ん。いいことを学んだ」で終わらせるのではなく、本で学んだことを実践してみることをお薦めします。書籍を有効活用する方法は実際に自分の頭や手を動かして体全体で覚えることなのです。

本書では金銭の時間的価値や資本コストの計算など、ファイナンスの基礎となる簡単な公式をお伝えしていますので、実際に自分でこれらの公式を使って自社の企業価値を計算するなど、知識の定着を図りましょう。

21世紀で最も貴重な資産は知識、そしてその知識を組み合わせて価値を創造する知恵だと言われています。

ただ、いきなり難しい知識を身につけることは、一部の天才と呼ばれる人々を除いては、至難の業と言わざるを得ません。そこで私たちはやさしいことから始めて、徐々にレベルアップしていくことになります。この方法を採用すれば時間はかかっても、いずれは難しいと感じていた知識も自在に使いこなせるようになるのではないでしょうか。

そして、いったん身につけた知識という資産は、不動産や株と同じように私たちに大きなキャッシュフローをもたらすようになります。

また、知識という資産は自分の頭の中につくるものですから、他の資産と違って、使っても減ることのない不思議な資産です。使っても減らないどころか、使えば使うほど資産に磨きがかけられ、さらに価値が増していくのです。

本書を足がかりに、今後はさらに高度なファイナンス理論に挑戦してみてはいかがでしょうか。そしてファイナンスを究めることができたのなら、この分野にとどまらず、経営戦略やマーケティングなど他のビジネス理論にも挑戦してみましょう。知識をファイナンスという「点」で終わらせるのではなく、ビジネスという「面」で捉えることにより、さらなる相乗効果を発揮し、知識のレベルから知恵のレベルまで向上させることが可能になるのです。

私自身は今回お伝えしたファイナンスにとどまらず、経営戦略やマーケティングなどビジネスパーソンが身につけていなければならない基礎的な理論を、Webサイト（http://mbasolution.com/）や無料メールマガジン「ビジネスマン必読！1日3分で身につけるMBA講座」などでもお伝えしていますので、今後継続的にビジネス理論を学びたい方はぜひともご利用ください。

それでは、この書籍があなたのファイナンスプロフェッショナルの第一歩となることを願って。

2007年3月　　安部徹也

著者略歴

安部　徹也（あべ　てつや）

九州大学経済学部卒業後、都市銀行に入行。ファイナンスのプロフェッショナルとして企業融資を始め、デリバティブ、M&A等に携わる。退職後、グローバルビジネス分野No.1のビジネススクールにてMBAを首席で取得。現在はMBA Solution代表としてMBA教育を手掛ける。Tokyo FMや日経新聞、日経キャリアマガジン他メディア出演も多数。
著書に『トップMBA直伝 7日でできる目標達成』（明日香出版社）、主な執筆協力に『通勤大学MBA〈9〉経済学』、『MBA 100人に聞いた英語習得法』（総合法令）がある。

「ファイナンス」がスラスラわかる本

平成19年3月29日　初版発行

著　者　安 部 徹 也
発行者　中 島 治 久

発行所　同文舘出版株式会社
東京都千代田区神田神保町1-41　〒101-0051
電話　営業03（3294）1801　編集03（3294）1803
振替　00100-8-42935　http://www.dobunkan.co.jp

 ISBN978-4-495-57511-3
印刷／製本：三美印刷 Printed in Japan 2007